JN299920

本は自分の出版社からだす。プラス

出版文化社

はじめに

スマートフォン、タブレット、電子書籍リーダーといった新たなプラットフォーム向けの電子書籍市場は年々拡大しています。それを背景にオンライン小説、携帯小説を掲載する「小説家になろう」という小説投稿サイトが人気です。登録者は約一〇七万人、小説掲載は約五〇万作品（二〇一七年八月一七日時点）。掲載するのも、読むのも、すべて無料です。このサイトから『君の膵臓をたべたい』という作品が生まれ、書籍化されるや二〇一六年年間ベストセラー1位（単行本フィクション・日販調べ）に輝き、さらには映画化されました。まさに、自分で本を書こうとする人が憧れるサクセスストーリーです。

ネットの世界では、自分で書いたものを多くの人に見てもらうという環境が整っていますが、作品が出版社に見出され書籍化されるかどうかは、実力と運次第です。

自分の作品は自分で売るという気概のある人は、アマゾンの「Kindle ダイレクト・パブリッシング」や楽天の「kobo ライティングライフ」を利用すれば可能です。電子書籍の「自己出版」とうたわれています。

すでに自己出版、すなわちセルフパブリッシングの影響力が顕著に表れているのが米国です。電子出版情報サイト「Digital Book World」の出版社別販売ランキングでは、一位ハシェット、二位ランダムハウス、三位ペンギンブックス、そして驚くことに四位にセルフパブリッシャー達の合計売上額が入っています。続いて五位がマクミラン、六位がスカラスティックですから、その額の大きさがわかるというものです。

米国では、紙の書籍においても日本と比べて、多様な新規参入ルートがあり、間口が拡がっています。書店、カタログ販売、直販、ネット販売などの多様な販売チャネルに、多様な販売業者がひしめき合っています。

そのような流通事情を反映して、個人や小さな組織が出版業を始めるケースはいくらでもあり、また新規参入者に企画や販売などのコンサルティングを行う会社もあります。そのため、彼らが出版業界に与える影響も、徐々に大きくなってきています。

一方、日本における出版はいまだにハードルが高く、仮に出版社に企画を持ち込んでも、採用されるのはごく僅かです。本を出せるとしても、大枚をはたいて、ほとんど見返りのない自費出版という形態を勧められるのが関の山です。

さらに日本の出版流通は、事実上、日本出版販売とトーハンの寡占状態になっており、この両社との取引口座が開設されないと書店に本を流通させることは困難です。とはいえ、新規参入できるのは一年に一、二社程度で、両取次会社は出版社の新規参入を拒み、新刊の流通量を減らそうと考えているのではないかと勘繰ってしまうほどです。結果的にそれらが、出版業界の停滞を招いているといっても過言ではないでしょう。

近年、出版業界の力が低下して、良い企画やコンテンツを持っている人達が寄りつかなくなってきていると感じます。新聞やネットを通じて人材を募集しても、二〇代〜三〇代の応募が少ないという話をよく耳にします。一〇年前とは隔世の感があります。多様な企画者と多様な著者、あるいはコンテンツを持っている人達をもっと出版業界に呼び込みたい、惹きつけたいという想いは、当社の出版活動の善し悪しを超えて、業界的な視野で考えているつもりです。

当社が提供する「書籍販売代行サービス」は、このような想いのもとにスタートしました。本書では、商業出版でも自費出版でもない、第三の出版、出版社＝発行元になるという方法を紹介し、冒頭で述べたようなセルフパブリッシングの世界を紙の書籍においても開放することを目的としています。

「発行元になる」というと、法人登記やら流通の口座開設やら、面倒な手続きを想像されがちですが、本書にある方法を利用すれば、今日からあなたも発行人として、思うがままに出版活動をすることができます。

事実、これまでにさまざまな業種・業態、個人の方々が当社のサービスを利用しています。法人の専門的な事業を解説した実務書出版、長年にわたる研究結果の発表、ラジオ番組の書籍化、個人的な思いを表現する場、過去に出版したガイドブックの再流通など、目的は多岐にわたり、多くの方々が発行人として、主体的な出版活動に挑戦されています。

本書とともに、当社のサイト（http://sks.shuppanbunka.jp/）でもその出版方法を解説しています。ご一読いただき、あなたにあった方法を探し出し、出版の自由を謳歌していただくきっかけとなりましたら幸いです。

出版文化社代表

浅田厚志

目次

〈執筆担当〉第一章、第二章　浅田厚志
第三章〜第七章　丑丸博樹

本書は、二〇一〇年七月に出版共同販売より刊行された
『本は自分の出版社からだす。』を改訂したものです。

第一章　いまなぜ、出版社を創るチャンスなのか？

業界の変化はチャンスの時

二〇一七年四月現在、日本書店商業組合連合会は、ピークの一九八六年に一万二九三五店舗あった組合員数は、三五〇四店舗になったと発表しています。また、経済産業省が実施している商業統計では「書籍・雑誌小売業（古本を除く）」の事業所数は、一九八八年に二万八二一六あったものが、二〇一四年には八一六九にまで減少しています。四半世紀で三分の一以上減少した計算になります。全国に郵便局は約二万四二〇〇局、コンビニは約五万四九〇〇店舗、駅の数は約一万一二〇〇駅、そういう中での約二万店強の減少はかなり大きな数字と言えます。これはほんの一つの現象で、いま、出版業界は大きく変化しています。まさしく、現在進行形で変化している最中です。そして、この変化のスピードはここ一〇年ではおさまらないでしょう。

出版業界のみならず、各業界でいま、大きな変化が起きています。たとえば、ガソリンスタンド（ＧＳ）の業界。二〇〇〇年には、約五万三〇〇〇店あったのが、二〇一一年末で約三万八〇〇〇店まで減少しています。その理由は二〇一一年二月の消防法改正による貯蔵タンクの改修義務や、エコ志向によるガソリン車の減少などです。ＧＳなどはこれだけ多くの車が走っているのだから大丈夫と思っていましたが、いまや先行きの見えない、不確定なビジネスになりつつあります。

このように、変化の波に晒されているのは出版業界だけではなく、ほとんどの業界で起こっていることです。変化の時は、リスクがありますが、チャンスもあります。変化が少ないときには、大企業なり、その業界で力を持っている会社の優位性はなかなか崩れません。しかし、業界そのものが変化するときには小さな会社にもチャンスがやってきます。

ましてや、出版業界は長年、再販売価格維持制度（再販制）という規制に守られてきた業界。この既得権益で長年、ぬくぬくと儲け続けてきました。

この『本は自分の出版社からだす。プラス』を刊行するに至ったのには、大きく分けて三つの理由があります。

一つ目は、出版業界から優秀なコンテンツを持っている人達が逃げ出しているのではないか、ということに危惧を感じたから。

二つ目は、大手出版社でなくとも、ネット書店などを通じて本の販売促進がしやすくなったこと。

三つ目は、出版に関係する権利を自分で所有しておくことのメリットが大きくなってきたことです。

これらを順番に解説してゆきましょう。

著者が出版業界から逃げ出している

門前払いにされる著者志望

まず第一は、出版経験がなく、はじめて自分で本を書きたい、出版物を出したいと考えた著者は、どうするのでしょうか。かつては、新聞に広告を出している出版社や、自分が持っている本の最後のページに書かれている出版社の連絡先に電話をして、「原稿を書いたんですが、一度見てもらえませんか？」とか「本を出したいんですけど、相談にのってもらえませんか？」という連絡をするのが一般的でした。

そういう場合、通常の出版社や編集者なら、「まずは原稿を送ってください」というように答えるはずです。ところが、一部の出版社や編集者は、そんな突然に電話で原稿を読んでほしい、と言ってくるような素人の原稿は売れるわけがない、と判断して、その場で「忙しいんで」とか「他の出版社にあたってください」と言って断ってしまうケースも少なからずあります。いわゆる門前払いです。この時、著者は出版業界そのものから拒否されたような印象を受けるでしょう。業界の一員として、ほんとうに申し訳ないと思います。

中にはまだ原稿が用意できていない著者もいます。書くテーマは決まっている、書きたい内容も決まっているのに筆が進まないのは、どのように書いたら売れる原稿ができるか、事前にプロの意見を聞いてみたい、と思っていたりするからです。

これはもっともな事だと思います。どうせ書くなら、プロからも、読者からも評価を受ける原稿を書きたい、というのは自然な感覚ですし、確かに事前に指導を受けておけば、的をはずすようなことはなくなる可能性が十分にあります。

よって、「書く前にプロの意見を聞きたい」という考えは間違ってはいません。ところが、そういう著者を親切に指導をしてくれる出版社や編集者というのは、残念ながら、私は知りません。まずは書いたものを見て、それが企画の修正や原稿の推敲で内容を直して発売できる程度なら、著者に会ってみる、というのが、出版業界で一般的に行われていることです。ですから、「まだ原稿を書いていない」という著者志望から連絡があっても、相手にしないのが、出版業界です。その点ではハードルは高いと言えるでしょう。

まだ企画も決まっていないんだけど、何か書いてみたいので一度会って意見交換をしたい、という著者もいますが、表現は違えど、「そんなヒマはない」と一刀両断にされるのがオチです。

まずは、自分で書いてみることが必要です。一人前の編集者なら、その書かれた原稿を見て、この人は書ける人なのか、あるいは努力してもダメなのか、推敲すれば使える原稿になるのか、ということぐらいの見分けはつきます。ですから、まずは自分で書くことです。

その場合、何を参考にしたら良いかというと、既刊書です。しかもよく売れている既刊書を参考にして真似ると言いますか、内容を真似てはいけませんが、内容構成を真似るのは、著作権侵害ではありません。自分が書きたい分野で、売れている本で、気に入った書き方、内容構成を徹底的に分析をして、とにかく自分の原稿を書くことから始めます。

ちなみに、売れている本を見分けるには、本の最終ページに出版社の住所や発行人の名前などが載っているページ（奥付《おくづけ》）を見ることです。奥付には発行年月日が載っています。これが「初版第一刷」だけだと売れているとは言えません。ここに「第二刷」とか「改訂版」などの文字が並んでいたら、初版の本がよく売れて増刷されたということですから、一応、そういう数字を参考にしましょう。

奥付に「初版」や「改訂版」などの情報が記載されていない場合は、本に着いているカバーの後ろの折り返し部分に掲載されていることがあるので、確認してみてください。

とにかく書いた原稿を携えて、こつこつと出版社を当たっていきます。

門前払いされたり、イヤなことを言われたり、いろいろとあります。

ハリー・ポッターの著者J・K・ローリングさんでも、何十という出版社に断られたそうです。もうダメかなと思ったときに、ブルームズベリーという出版社の編集者に「これおもしろいかも」と連絡を受けたところから、世界四億五〇〇〇万冊とも言われる出版への道が拓かれたのですから、チャンスはどこに転がっているかわかりません。

出版にたどり着いてはみたものの

あきらめずに、地道に出版社に連絡をしていった著者は、どこかで原稿を読んでもらうチャンスを得て、次の段階に進むことがあります。しかし、ここで道筋は二つに大きく分かれます。一つは自費出版への道、もう一つは出版社のオリジナル企画として採用される道です。

前者は、文芸社やその他あまたある出版社の自費出版部門のことですが、たいてい最初は原稿をほめてくれます。そしておもむろに、「この原稿を出版するのでしたら、いくらいくらかかります」とお金の話が出てきます。平均的には一〇〇〇冊で一二〇万円ぐらいになるでしょう。「ほめてくれるんなら、お金の話なんかせずに、出版してくれたら良いのに」と著者が思うのは当然のことですが、出版社とて慈善事業ではないので、売れる確証のない企画に、数百万円のリスクを負うのが難しいことは誰でも理解できるはずです。そこで著者としては、ウ～ンと唸ってしまうわけです。書店に流通させるなら、少なくとも、一〇〇〇冊は出さなくてはいけないと出版社は言います。

しかし、そんなにまとまったお金がないとか、仮に一〇〇〇冊を出版して返品になってきても引き取る場所がないとか、引き取った本の使い道がないなどの理由から、逡巡してしまう著者が多いようです。それでせっかく書きためた原稿を自分で抱えてしまうしかない、というのがほとんどのケースでしょう。もちろん、お金の都合がつく方は、大枚をはたいて出版されるわけですが、その後、返品された書籍の置き場に困って泣く泣く廃棄処分するケースも多いようです。

仮に、後者のオリジナル出版へと進もうものなら、それは商品として仕上げるため、原稿には間断なく編集者の朱が入って、中には原型を留めないケースがあるようです。

乃南アサさんが一九九六年に『凍える牙』で直木賞を受賞されたとき、『オール読物』に掲載された受賞記念原稿の中で、率直にも、この原稿の著者は私と編集者であるという意味の原稿を寄せています。それぐらいに編集者から大幅に朱が入れられ、幾度にもわたる書き直しを余儀なくされた、ということです。乃南さんのようにそれが花開いたら万々歳ですが、多くの著者の原稿はそうはなりません。

朱を大幅に入れられたことにより、懸命に原稿を書いた著者のプライドはずたずたに引き裂かれ、結果、売れるならまだしも、売れずに一回こっきりでポイというのが多くの著者の運命です。日々の忙しい合間を縫って原稿を書き、いくつものハードルを乗り越えて、ようやくたどり着いた出版でこのような目にあったら、お金を貯めるか、ローンを組むかして、出版社や編集者から、文句を付けられない自費出版の道に進むしか手がなくなるでしょう。または、ウェブサイトに記事を書いてください、という依頼が来ようものなら、その著者は喜んで原稿を書き、ウェブの世界に進んで行くに違いありません。

本を出しても感謝されない出版業界

ブロガー、ネット作家などと言われる人達の中には、ウェブの世界で力をつけて、ファンを作って知名度を上げ、その上で出版社からもみ手で近寄ってくる編集者と接触して出版にこぎ着ける、というケースが多くなっています。

こういう著者の場合、出版業界に感謝の気持ちはありません。売れるようになってから編集者は来たのであって、自分は出版業界に発掘された、と思っていないからです。

『B型自分の説明書』の著者は、本の最後のページにある奥付のプロフィールにこのように書いています。

「東京都に生まれる。大学の工学部をリタイア後、美大の造形学科でリスタートを切る。現在は建築設計を生業としている」というから、出版経験のない方です。あちこちの出版社に原稿を持ち込み、断られ続けて、最後に行き着いたのが自費出版を扱う文芸社。そこで一〇〇〇冊分の費用を捻出して、自費出版した作品がなんと二〇〇万部を超え、A型、O型、AB型のシリーズあわせて六二〇万部という巨大ヒット作となりました。

この著者はいまだに正体を明かしませんが、ここまでのヒットを飛ばした有能な著者を、その後、出版活動で活用できないというのは、業界にとって大きなマイナスです。また、それは逆に言うと、歴史に残るような大ヒットを飛ばした人でも、自費出版からスタートした著者は出版業界に対して感謝の気持ちがないようにも受け取れます。

このように大成功した著者でも、出版業界に協力してもらえない現状を見ると、成功していない著者の多くは、出版業界にはもう近づいてこないのではないか、と危惧します。あるいは、出版業界の入り口で、がっかりさせられた著者は本を出版するという夢が破れて、ブログなどで発表したり、メルマガを配信したり、アマゾンのKindleダイレクト・パブリッシングを利用したりという事態が起こっている可能性があり、出版業界に著者の新規参入がないと言えましょう。

「もう出版社の助けはいらない」ということが、多くのネット作家、ブロガーなどの心中で起こっているのではないかと考えられます。

二〇一六年のベストセラーランキングは次の通りです。この中で、まったくの

2016年ベストセラー（単行本）

	書名	著者	出版社
1	天才	石原慎太郎	幻冬舎
2	ハリーポッターと呪いの子 第一部・第二部　特別リハーサル版	J.K. ローリング ほか	静山社
3	君の膵臓をたべたい	住野よる	双葉社
4	嫌われる勇気	岸見一郎 古賀史健	ダイヤモンド社
5	正義の法	大川隆法	幸福の科学出版
6	羊と鋼の森	宮下奈都	文藝春秋
7	コンビニ人間	村田沙耶香	文藝春秋
8	新・人間革命（28）	池田大作	聖教新聞社
9	火花	又吉直樹	文藝春秋
10	言ってはいけない残酷すぎる真実	橘玲	新潮社

2017年版出版指標年報（全国出版協会・出版科学研究所）

1995年ベストセラー（単行本）

	書名	著者	出版社
1	遺書	松本人志	朝日新聞社
2	松本	松本人志	朝日新聞社
3	ソフィーの世界	ヨースタイン・ゴルデル	日本放送出版協会
4	フォレスト・ガンプ	ウィンストン・グルーム	講談社
5	幸福の科学興国論	大川隆法	幸福の科学出版
6	大往生	永　六輔	岩波書店
7	パラサイト・イヴ	瀬名秀明	角川書店
8	ダービースタリオンIII 公式パーフェクトガイド	月刊ファミコン通信編	アスペクト
9	新・太陽の法	大川隆法	幸福の科学出版
10	ダービースタリオンIII 全書	成沢大輔	アスペクト

1995年版出版指標年報（全協・出版科学研究所）

新規参入と言える著者は何人いるでしょうか。

ちなみに、出版業界が凋落を始める前の一九九五年のベストテンのリストも掲載しておきます。著名人ではあっても、出版業界で過去に実績のあった著者ばかりではありません。まだ出版業界への新規参入があった頃で、この後、どんどん門戸が狭くなるという傾向が強まります。

大手出版社でなくても販促がしやすくなった

『B型』ヒットの発端

書店では、とにかく来店するお客さんの目に付くところに本を置こうとする出版社の激烈な競合が繰り広げられています。それはある出版社が良いところに本を置いても、その出版社の営業マンが帰ってしまったらすぐに他の出版社にひっくり返されることがあるほどです。

この場合、どうしても営業の成果は営業部員の人数や書店への訪問回数に左右されてしまいます。つまり、多くの営業部員を抱える大手出版社が有利なのは言うまでもありません。この中で中小・零細出版社が太刀打ちできるはずもありません。

それでは書店での販売は有力出版社の本しか売れないのかというと、そうでもありません。前述のような『B型自分の説明書』の発行元である文芸社は大手ではありません。書籍の企画そのものに魅力があり、良い書店、または書店員さんとの出会いがあれば、幾何級数的に売れることがあるのです。

山形にある八文字屋という書店の女性店員が『B型』に関心を持ち、多面展開による販売を試みました。するとたちまち五冊が完売。「これは？」と思い再度仕入れると、それもまたすぐに完売。その後、彼女は他店舗へ異動になりましたが、異動先でも『B型』を書架に並べたところ、再び短期間のうちに売れていきました。彼女は、そうした経緯を八文字屋の本部に伝えるとともに同書をもっと多面的に販売展開をしたい旨を訴えました。が、本部は「文芸社＝自費出版」というイメージしか持っていなかったため、初めのうちは彼女の話にはさほど耳を貸さなかったそうです。

一方、八文字屋の一部店舗で売れ行きが良いことを不思議に思った文芸社の営業部員は現地に足を運びました。そこで、女性店員のことを知り、他店舗にも働きかけたところ、そこから勢いにのって全国にその書名が知られ、売れるようになっていったとのことです。

企画が良いだけではなくて、その一女性書店員さんとの出会いがなかったら、このような結果にはならなかったことも確かでしょう。しかし、最初にその書店員さんの目を引いたのは、間違いなく『B型』の本であり、それは書籍の力であったと言えます。

企画がよければ、販促や営業に手間やコストをかけられなくても、売れることがあるのです。ポイントはやはり企画なのです。

中小出版社の強い味方

当社で『ハリー・ポッター7　前夜祭』という本を、『ハリー・ポッター7　死の秘宝』の英語版が発売される二〇〇七年七月の一カ月前に出版しました。同書はハリー・ポッター7の予想本です。米国のハリー・ポッター関連のファンサイトの運営者が本にして、米国で二〇万部売れたものを翻訳出版しました。

予想本ですから、原著が出てしまうと売れなくなるので、それまでに売り切ってしまおうと、販売攻勢をかけました。出だしはあまり良くなかったものの、その後、右肩上がりに販売部数が伸びていきました。ところが、七月二一日の発売日を過ぎても、堅調な販売の動きは止まりません。そして、いよいよ日本語版が発売される二〇〇八年七月二三日になったら、大量の返品で悩まされるのかと思いきや、その後も売れ続け、二〇〇九年夏頃までは毎週五〇〜六〇冊が売れていました。現在、合計で五万部を超えて、当社にとって中ヒットとなりました。

なぜ、このようなことが起ったのか。確かに広告を三回ほど打ちましたが、それほど大きな広告ではありません。朝日新聞、日経新聞などに広告を打つと、本を買った読者から読者カードが返信されてきて、小学生がよく読んでいることがわかったので、朝日小学生新聞に二回、広告を打ちました。そんな程度でした。

では、日本語版が出てからの販促はというと、何もしていません。どこまで伸びるか見通しが立たなかったので、毎週、紀伊國屋書店の売れ行きを観測していました。

ただ、この背後で起こっていたことは、私達の予想を上回っていました。「予想本」についてハリポタファンがネット上で様々な評判や感想を意見交換し、さらにそれを見たファンがこの本を買いに走るという現状が起こっていたのでした。それは「ハリポタ7を読んでからこの本を読んだら、より一層ハリポタ7が楽しめる」という評判でした。

このことからも、企画の善し悪しで、売れ行きが如実に変わることがわかるはずです。小さな出版社は、企画にこそ力を入れて練り上げれば、チャンスが訪れる可能性があります。

さらに小さな出版社を助けてくれるのが、ネット書店です。昨今、ネットでの書籍販売の比重が徐々に高まってきています。ほとんど手間いらずの販売利益といって良いでしょう。しかも、そのほとんどはカード決済ですから、回収の手間とリスクがない、というありがたい売り上げです。

この販売ルートは年々売上高を伸ばし、業界の中のシェアを上げているので、今後ますます使いやすく、便利になってくることでしょう。このネット販売こそ、社員数の少ない、営業部員のいない小出版社にとってありがたい存在です。

世はメディアミックスの時代。一つのコンテンツが当たれば、他の媒体へとヨコ展開されます。ハリー・ポッターを例にとると、世界六七カ国語に翻訳されて、映画、テレビ、オーディオブックやフィギュアにまでなっています。

ハリー・ポッターのような世界的な企画でなくても、いまは本が話題になれば、テレビやネット上でどんどん広がっていく時代。出版業を浸食しているＩＴですが、それを活用して、実は、個人や小出版社でも出版できる時代がやってきたのです。

また、本の編集や制作ではプロとアマチュアの違いはあるかもしれませんが、企画力という点では必ずしもプロが有利とは限りません。出版業界では持ち得ない人脈や情報を持っている人や会社、組織は社会にいくらでもあります。

プロとアマチュアの違いは、プロはマーケットインできる、つまり市場を見て、これなら当たりそうだという仮説を立てて、商品を市場に投入するという手法です。これはアマチュアにはできません。それだけの経験と知識と仕組みと情報がないからです。これは仕方がありません。

しかし、プロダクトアウトという「自分ならこれが作れる」「これはおもしろいんじゃないか」という企画ならできるはずです。これは自分の感性が評価基準であり、自分がおもしろいと思うものを、作れば良いからです。

まさに『B型』はその典型で、著者は血液型の専門家でも占い師でもありません。また、出版業界の人でもありません。そういう中でも、出版業界の全員が地団駄を踏むような企画を生み出したのです。

一方、『B型』の原稿が送られてきた出版社の編集者達は、「いまさら血液型の本かよ〜」という感じで一蹴してしまったのでしょう。確かに過去にも血液型の本で売れた物があり、出版業界のプロであればあるほど、そのことを知っていて、「いまさら」と思った感覚はわからないでもありません。しかし、逆に、ここがプロとしての驕りであり、怖さであり、落とし穴なのです。外から来た新しい血液型の解説書を受け入れられなかったのです。

この本が、五〜六万部という売れ行きなら、たまたまということも考えられます。しかし、一〇〇万部を超えるヒット作というのは年間に数えるほどです。

二〇世紀初頭から今日までで、二〇〇万部を超えている単行本は五〇本にも満たないのです（漫画や新書、文庫、辞書は除く）。そういう中にあって、まったくの素人が書いた『B型』が二〇〇万部を超え、シリーズで六二〇万部を超えたわけですから、これは完全に社会現象。これを見越せなかった編集者達は、ほんとうにプロと言えるのでしょうか。もっとも、当社に仮に送られてきたとしても、どうなっていたかわかりませんが……。

ただ、『B型』のような企画なら、いまのあなたでもできないはずがない、と思うのは、私だけでしょうか？

権利を所有しておくメリット

著者の著作権と出版社の出版権

出版関係の権利の中心になるのが著作権です。自分の思想や感情を創作的に表現した作品を生み出した人に与えられた権利のことを言います。その作品とは文芸・学術、美術または音楽の範囲に属するものと定められています。プロであれ、素人であれ、原稿や映画を作った時点で権利は発生し、どこかに登録をしに行くなどの手続きはいりません。出版に関して言えば、原稿を書き上げた人は立派な著作権者です。

一方、出版社が持つ出版権は、著者が書いた著作物を、原作のまま複製し各種刊行物の形にまとめて公衆に頒布する権利のことを言いますが、著作権者によって「出版することを引き受ける者」に対し設定される権利です。

よって、著者はエライ！　著者が原点、というのが出版業界の常識。基本的に、出版社はコンテンツを持っている著者に出版権を付与してもらって、それをパッケージにして販売するという、他人の褌《ふんどし》で相撲をとっているようなものです。

前項で「企画ありき」とは書きましたが、出版活動は著作物があってこそ始まると言えます。もともと出版の原型は、写楽や歌麿、北斎などのアイディアと絵の技術を持っている画家が描いたものを版画にして販売するというものです。よって、出版社のことをいまでも版元《はんもと》と呼ぶのは、その名残りです。

ところが、ひとたび出版社と出版契約を結べば、その契約期間内は、同じような内容の原稿を書いても出版できません。多くの出版契約書の項目として挙げられている「類似著作物の出版」で禁じられているからです。その期間は自由に設定できますが、短くて三年、長ければ一〇年が多いようです。どうしても一冊目の出版ですと、出版社との力関係では弱いので、一〇年という期間を契約させられることがあります。

本が完売になったり、何らかの事情で在庫がなくなったりしても重版されない本は絶版扱いになります。その場合、契約期間が残っていても、著者は出版社から出版権を消滅させ、引き上げることができます。そして、その後は同じ原稿を他の出版社に持ち込んで出版しても良いことになります。

しかし著者の側に立ちますと、だらだらと出版社の倉庫を出たり入ったりしながら動いている書籍は、いつまでも絶版にならず、似たような企画で本を出すこともできないので、これはある意味では、企画と原稿そのものを塩漬けにされているようなものです。著者としては、これは何とか避けたいところです。なぜなら、いまの時代なら出版に限らず、他のメディアにも売り込めるからです。

たとえば、人気サイトへの原稿の提供、オーディオブックとして高齢者向けに「聴く小説」や解説本を出版している専門出版社に相談すれば、音声による出版もしてくれる可能性があります。近年はメディアミックスの時代で、一つのコンテンツがいろいろな方面へ応用されるようになりました。本が当たればそれを映画にしたり、ＤＶＤにする。舞台にまで発展させるケースもあります。また、ボーダーレスの時代ですから、英語版や中国語版、ハングル語版になることも再々あります。著者としたら、当然、そのような他分野にもチャレンジをしたいという気持ちになることでしょう。

二つの権利を自分のものにする方法

もし、自分の出版社で自分の本を出版していれば、著作権・出版権の両方を持ち合わせているわけですから、誰に憚《はばか》ることなく、堂々と他のメディアで出版できます。他の出版社との交渉もできます。

本書で取り上げる書籍販売代行サービスは、まさにこれを可能にします。その場合、当社は出版権は持ちません。あるとすれば販売権です。

販売権は、印刷し、発行した現物本の販売のみに適用できるものです。よって、発行した本すべてに適用されるものではなく、「お宅ではこれだけ扱ってください」と要請された部数に対する「販売権」です。ですから、書店流通以外での販売を阻害したり、他の出版社から似たような本を出版する権利を阻害するものではありません。

　書籍販売代行サービスは、あくまでも販売と流通を請け負っているということであって、販売した部数に応じて売り上げと利益を受け取るというリスクを持つものでもありません。

　このようなことから、当社は著者が自ら出版社となって、本を出版することをすすめています。もちろん、自分の出版社で本を出すということは、自ら出版リスクを負わねばなりません。それは決して簡単ではありません。しかし、自分で原稿を書いて、自分で編集をして、自分で印刷会社に持ち込んで本にしてもらうのなら、一〇〇冊や二〇〇冊からでも出版はできるのです。もちろん、印刷・製本や出版流通費の単価は高くなるでしょう。しかし、合計金額で言うと、自費出版で一〇〇〇冊を出版するよりも格段に安くなります。

　昨今では少部数を安価に印刷できるようになりました。当社を介してそれを実現できる印刷会社を利用することができます。

　いまから二〇年ほど前は、一〇〇〇、二〇〇〇程度の冊数となると印刷会社にさんざん嫌みを言われたものですが、現在では小ロットの印刷・製本を請け負ってくれる印刷会社が増えました。これは、「オンデマンド印刷」などに代表される印刷工程のＩＴ化と簡略化の恩恵によるものです。そうすれば、かなり安く本を作れる上に、当社の流通ルートを使って、書店に本を並べてみることができます。そうしたノウハウと流通ルートを提供するのが書籍販売代行サービスです。

　これはオリジナル出版、自費出版に続く第三の出版方法であると思うのです。少部数を出版したら、テスト販売をしてみます。自分の行動範囲にある書店に頼み込んで置いてもらう。そこでもしかしたら、動きが出てくるかもしれません。あるいは、その本を読んだ知人から別の人にわたって、どこかで誰かの目に留まらないとも限りません。

　試しでチャレンジするのに百数十万円と言われるとつらいですが、一〇〇万円を切ることもあるなら、挑戦する価値はありそうです。

　当社は、そのような企画やコンテンツを持っている著者、著作権者の権利を保護しつつ、少額でチャレンジできる出版活動を提供したいと考えています。

出版人と編集者の違い

一般の読者には、出版人と編集者の違いはわかりにくいことでしょう。実は業界の中でも曖昧な部分があります。ただ、これから出版社を立ち上げようと考える人達には、ぜひわかっていてほしい定義です。

わかりやすく言うと、出版人は経営者であり、編集者は書籍を企画・編集する担当者である、ということです。著者や作家の方々が直接に接触するのは編集者であり、たまにテレビドラマなどで出てくる出版社の人というのは、編集者が多いので混同されがちですが、出版人は業界内においては、編集者よりも上位の立場、役職にあります。

上下関係を持ち出すと、反発をする編集者もおられることでしょう。ただ、実体としては、そのように理解をしたほうがわかりやすく、これから出版社を立ち上げる人には、一編集者ではなく、出版人という経営者としての覚悟がいる、ということです。

レストランにたとえるなら、店のオーナーが出版人で、料理人が編集者です。最近はオーナーシェフもいるそうですから、その場合は、出版社を経営しながら自分で本を編集する、ということでしょう。

実は、そういう出版社は結構あります。出版社の規模は社員数一〇名未満が全体の七〇％を占めています。そういう出版社の社長は、自分で企画して、編集して、営業もしています。

今回、本書で提案している本を自分の出版社から出すというのは、その上に、著者も自分でやってしまいましょうということです。逆に言うと、著者である人が、自分で出版社を作り、出版社の経営者である出版人も、編集者も、営業も自分でやるということです。営業の大部分は当社が代行しますが、おおよそすべての出版事業に自ら関わる、ということで成し遂げられるものです。

第二章　自分をアピールする時代

読者はどこに消えたのか

いま、出版業界では何が起こっているのでしょうか？　読者の皆さんも見聞きし、体験している通りです。テレビ、映画、DVD、ゲーム、インターネット、パソコン、スマートフォンなど、書籍で提供する活字や写真情報以外の多様化するコンテンツを、別の方法で提供する他の媒体にお客様（元読者）を奪われ、書籍への来店数が減っているのです。いまはお客様の関心をひくというよりも、お客様の空き時間を獲得することが必要です。朝の支度や仕事（学校）、夜の仕事や片づけ、そして就寝などを除いた時間に、読書を含めたエンターテインメントの中から何を選ぶのか、ということです。

残念ながら、読書が選ばれなくなってきている、ということが、いまの出版不況の原因です。

仕事以外に、空いている時間に本を読んでもらえるのか、ネットを見てもらえるのか、ゲームをしてもらえるのか、エンターテインメント業者による時間の奪い合いが起きているのです。

出版とは何かを考え直す

ローマ時代の政治家・哲学者のキケロ（BC一〇六～四三年）は言いました。

「書物は青年のためには食物となり、老人のためには娯楽となる。富める時は装飾となり、苦しい時には慰めとなる。内にあっては楽しみとなり、外に持って出ても邪魔にはならない。特に夜と旅行と田舎においては、良い伴侶となる」。

このように長きにわたって書物は人々の伴侶のように寄り添い、活用されてきましたが、いま書物にそのようなイメージを持っている人は多くないでしょう。多様なメディアの時代になって、人々の書物への期待感や役割がすっかり変わってしまったのです。

しかし、それを嘆いていても何も始まりません。書物は何がしかの役割を担う必要があるわけです。青年への食物――これは勉強するためのテキストとしての役割です。よってエンターテインメントではありません。まだ学校の教科書やテキストは、書籍の形で作られ、販売・配布されているので、この分野ではまだ大丈夫そうです。

　このような書物の権威はまだまだ保たれています。パソコンやタブレットで勉強しているというのは、視聴覚教室のように特別授業用に用意されている場所以外はそれほど見受けられません。

　勉強や研究という分野から考えると、まだ書物は主流を占めているようです。しかし、うかうかしてはいられません。二〇一六年五月に変更された『世界最先端IT国家創造宣言』「IT利活用の更なる推進のための三つの重点項目」の中に「デジタル教科書・教材の導入に向けた検討を踏まえ、制度面・環境面を含めて必要な取組を推進」と掲げられています。教科書のデジタル化は、子供達の教育の高度化を考えるとき、避けて通ることはできないのは明らかです。

親指小説から電子書籍へ

　キケロが言っているような、「老人には娯楽となり……苦しいときには慰めとなる」というのはエンターテインメントのことでしょう。書物のこの機能がますます他のメディアに奪われています。

かつて、高校生だった次女に、「お父さん、こんな小説読んだことある？」と聞かれました。同じ高校生が書いた青春小説が大ヒットしていました。なんと読者はその時点で一二〇〇万人を超えていました。もっともこれは携帯でデータを送信した数ですから、受け取った人が読んだかどうかはわかりません。また、無料のコンテンツなので、受信した人が迷惑を被ることもありません。

ただ、その字数といったら二〇万字を超えており、標準的な単行本（四六判）に換算すると三三〇ページはあるような内容です。そして一カ月後に再び次女に聞くと、読者は二〇〇〇万人を超えていました。これはプロが書いたものではなく、「親指小説」と呼ばれるケータイで書かれた小説で、友達から友達へと伝播されていったようです。

このように長文をケータイで書いて、ケータイで読んだ、という著者と読者の大多数が社会に出ています。この世代が中心となってビジネスを動かし、あるいは子供を持ち、社会の価値観を左右するようになった今、日本人のエンターテインメントのコンテンツを収得するスタイルそのものが変化しています。

スマートフォンにアプリをインストールして楽しむ人々に向けて、出版各社もデジタル化の波に乗り遅れないように、続々と電子書籍の市場へと参入しています。

書物は富の象徴になる？

さて、話はちょっと横道にそれましたが、キケロが言った「老人の娯楽、苦しいときの慰め」ということを考えると、日本は世界に冠たる高齢化社会になりました。二〇一三年以降、総人口に占める高齢者の割合が四分の一を超えており、この比率は世界で一番。よって、書物が娯楽となって、苦しいときの慰めになるのなら、まだまだ出版は元気なはずです。しかし、これがなかなかそうはいきません。高齢者になるとだんだんと目が弱ってくる。平均的には何歳まで読書の習慣が保たれるか、というと、七〇歳だそうです。そうすると、現在の日本の高齢者のもっとも突出した年齢層が、団塊の世代といわれる一九四七年から四九年の三年間に生まれた七〇〇万人の人達。この世代が七〇歳を過ぎた後、読者数の凋落は目を覆うばかりです。

キケロの「病めるときは装飾となる」という言葉もありますが、病気になったときには飾りになる、というのはちょっと論理の矛盾があるようです。先に挙げた「富めるときには装飾となる」なら納得です。ヨーロッパの貴族の館の写真や映像を見ますと、居間や階段の壁一面が書棚になっており、そこには書物がズラリと並んでいます。まさに装飾。富と智を一堂に集めた貴族や上流階級のイメージそのものです。

これまでも書物の持つイメージの一部には、そういうものがありました。今後も別の角度から書物は「富の象徴」になる可能性があります。それはデジタルコンテンツとして書籍の中身だけをダウンロードして読む場合は、書籍の値段の四分の一以下となり、それを書籍で入手しようと思ったら、四倍以上の料金を出さなくてはならないからです。

つまり、本を持っている人、本を読んでいる人は「金持ち」と言われる時代がやってくるのです。もっとも、その本は中古かもしれませんし、人からもらったものかもしれません。あるいは図書館から借りたものもあるでしょう。見た目だけでの判断はできないとしても、書物を買うという習慣のある人は、ある程度お金の余裕がある人と言える時代は、そこまでやってきています。

本をタブレットにダウンロードして読むのか、本を買って読むのか、読者が選べる時代がきているのです。

変わろうとしている出版業界

このような変化が起きている今、出版業界も座視しているわけではありません。できるだけ多くの書物を読者に買ってもらうための工夫をしています。

その一つとして、書店は販売時点情報管理（ＰＯＳシステム）で集めたデータを加工して出版社に有料で提供しています。

代表的なのは紀伊國屋書店が提供している「パブライン」。月間一〇万円（税別）で紀伊國屋書店全店の出版物の売れ行きを、当日にはウェブで見ることができます。ありがたいのは、自社の売れ行きデータだけではなく、他社の書籍の売上状況も見られることです。しかも、過去に遡って見られるので、企画を立てたり、類書の売れ行きを調べるのには大助かりです。

ちなみに、紀伊國屋書店の販売部数を二〇倍した数字が、全販売部数になると言われています。よって、その数値に実売部数が達していなかったら、販促の余地がある、ということです。しかも、紀伊國屋書店の店舗別に販売部数が出ているので、どの地域でよく売れていて、売れていない地域はどこか、ということまでわかり、販促活動にも活用できます。

紀伊國屋書店へ営業をかけるときに、他の紀伊國屋書店での動きを参考に、書店員さんに店名を出して説明、説得することができるので、紀伊國屋書店への攻略は「パブライン」なくして考えられないでしょう。仮に、紀伊國屋書店グループ全三〇店に本を置いて、まったく読者から関心を持たれなかった書籍だとしたら、それは企画の問題であり、他でも売れない本と言えるでしょう。

次に、取次の日本出版販売が提供しているオープンネットワーク「ウィン」です。これは日販帳合《ちょうあい》（日販と取引している）の書店で、ＰＯＳを導入している店のデータが提供されています。このデータは、紀伊國屋書店の「パブライン」

よりもさらに調査店舗が多いので、売れ行きを掴むのにはより正確な数字が手に入る可能性があります。現在、調査にあげられている店の数は約二七〇〇店。北は北海道から南は沖縄まで、チェーン店としてはＴＳＵＴＡＹＡや有隣堂がこの調査店の中に入っており、それらの数字も見ることができます。何よりも、全国的な都市型のチェーン書店という特徴がある紀伊國屋書店とは違い、さまざまな地域と個性の書店データが入っているので、偏りは少なくなります。増刷を考えるにはもっとも適当なデータの一つと言えるでしょう。月間五万円と紀伊國屋書店のデータに比べても割安なので、これは使い勝手があると思います。

こうしたサービスは、かつては考えられないものでした。まず、ＰＯＳデータをとるシステムそのものができたのが、他の流通業界に比べると遅れていたということがあります。よって、書店での本の販売部数というのは予測でしかなかった時代が続いていました。

いまもその本質は変わっていません。つまり、紀伊國屋書店の数字に対して一五〜二〇倍、日販の数字に対して三〜四倍というのも、およその目安であって、販売実績数値ではないからです。

それでもこういう数字が出てくるようになって、かなり販売部数の調査はしやすくなりました。かつては、出版社ごとに調査書店やパイロット店、あるいは特約店という書店を作って、自社の書籍の販売部数調査への協力をお願いしていました。そのかわり、販促材料を無償で提供したり、販売部数に応じて報奨金を出す、というような販促策を講じていました。これにはたいへんな手間とコストがかかりました。また、ほんとうにどこまで売れているのか、という予測が不確かで、大きなリスクをはらんでいました。

かなり昔の話ですが、女優の宮沢りえさんがヌード写真集『Santa Fe』（朝日出版社）を出したのは一九九一年で、まだ書店や取次店から販売データが提供されていなかった時代。衝撃的な企画で大きな話題を呼び、増刷に継ぐ増刷で、出版社は大きな期待をかけました。売れている、という評判が当然のことながら流布するわけですが、当時はまだ販売部数の実体がよくわからないとき。朝日出版社は大手ではないので、調査体制が十分整っておらず、結局、販売時期が過ぎたときに出版社に返ってきた返品の山を計算すると、儲かっていなかった、ということが判明しました。つまり、売れているという評判で大量の本を印刷して市場に送り込んだけれども、実売数はそれほどでもなく、売り上げは高かったけれども、その分の経費が大きく、差し引きすると儲かっていなかったという計算になったようです。

こういうムダを出版社だけではなくて、書店や取次も排除しなければならない、というのは業界の長年の夢。それにかなり近づいていて、しかも大量の営業部員を導入することなく、月々の契約料を払えばその数字が把握できるというわけです。

そういう事ができるようになったのも、つい最近のことなのです。特定の書店や取次の部数を参考に全国の売れ行きを予測する、というような所まで来たので、出版業界としては画期的といって良いでしょう。

本を出版することのメリット

この本を手にされた方は、既に理解されていることかと思いますが、おさらいのつもりで読んでください。

本は肩書きになる

まずは、本を出版したこと自体が肩書きになる、ということです。本を書くには、学歴も肩書きもいりません。必要なのは、企画と筆力です。取材力なども含まれるかもしれません。いずれにしても、著者には学歴を求められることはなく、芥川賞や直木賞のような大きな文学賞でも、大学卒業ではない作家が結構います。つまり、まったくの実力社会です。良いものを書けるか、読者の心を掴む作品を書けるか、それだけが作家としての優劣を決めるのです。

小説でなくとも、本を出版するということは、その分野について本が書けるぐらいの知識と教養と力があるということを示すことになります。さらに、出版した後はこれこれの本の著者として紹介されるようになります。そのタイトルを見た人に、専門分野を瞬時にして伝えることができます。

たとえば、『売れる小売店の作り方』というタイトルの本の著者だとしたら、マーケティングのプロ、あるいは小売業の経験者で、しかも人並み以上の知識と経験を積んでいると解釈されることになります。ですから本を書くのに肩書きはいりませんが、書けば肩書きになるのです。

本は経歴書に書ける

本を出版すると、経歴書の中に「著書を出版」という一行を足すことができます。普通、経歴書というと、学歴や職歴を書きますが、その中に「著書を出版」と書くことで評価の対象になります。

書籍一冊分の原稿を書こうとすると、少なくとも八万字は必要です。四〇〇字詰め原稿用紙で二〇〇枚、単行本にすると約一六〇ページくらいになります。それだけの原稿を書くには、よほど知識と情報を持っているか、経験を積んでいる人でなければ難しいでしょう。小説ならば、それだけの原稿を書けるだけの構想力と筆力がある、ということです。

本は一人歩きして著者をプロモートする

本と読者との出会いというと、書店に本の広告を切り取って持ってこられたり、たまたま知人が読んでいた本を見て興味を持ったり、人から「良い本だ」と勧められたり、新聞や雑誌、ネットの書評を見て関心を持ったり、様々な出会いの機会が提供されています。

その点では、やはり本は有史以来、長く人々と関わってきただけの歴史があって、縁も様々です。

私は一九八〇年代より出版業に携わってまいりましたが、初めてお会いする方であっても、「知っています。『ある少年の夢』の出版社でしょ」などと言われることがあります。また、面接に来た学生から「子供の頃、読みました」と当社の絵本『地球の秘密』の話を聞くこともあります。つくづく思うのは、本はどんどん一人歩きをしてゆく、ということです。一出版人の私でさえこのような経験があるのですから、著者ならなおさらのことでしょう。

本は、その原稿を書いた著者の分身です。それはある一定期間に自分の中に蓄積してきたコンテンツを整理して、文章化するわけですから、その過程で自分の一部分としてはっきり認識できるようになります。

そして、それがどんどん人々の中に分け入っていく。著者の経験や知識、情報や考え方が、本を媒介にして読者に伝わっていく。その読者にしますと、著者はその道の専門家であり、プロであり、体系的に知識と情報を分け与えてくれた先達である、と映っていることでしょう。

私達、出版業界の人間は、著者のことを「先生」と呼ぶのが普通です。つまり、著者であると共に、先達の一人で、専門家なのです。

ですから読者の中には、その著者に会いたいという希望を持つ方が少なくありません。こういう読者から出版社には、頻繁に電話やEメールが入ります。

いまも忘れられないのは、『登校拒否はこうしてなおす』という著書を書いた吉岡康雄氏のことです。

一冊目は一九九〇年に出版しました。当時、「登校拒否」という言葉が生まれた頃で、最近では「拒否しているのではなくて、行きたいけれど、行けないから、行かないだけ」として、「不登校」という言葉を使うようです。

著者の吉岡さんは大阪で学習塾を開きながら、学校には行けないけれど学習塾には来る子供達を、両親から頼まれて復学させている内に、なんとなくそのノウハウができてきたと言います。それをライターが取材して文字に起こし、『登校拒否はこうしてなおす』として出版しました。

当時は登校拒否が社会問題として扱われるようになってはいたものの、そこからいかに立ち直らせるかというところまでは、議論が進んでいませんでした。そういう中でこのタイトルで出版することには、少なからず勇気がいったのです。もしかしたら、著者も出版社も、非難轟々の嵐に見舞われるかもしれないという恐れがありました。

売れるかな……と著者も、出版をする私達もおっかなびっくりで出版をしました。ただ、本にして書店に流すだけでは、その存在も知られないので、広告を打ちました。しかも、教育界で広く読まれている「朝日新聞」の一面、全国通しの三八広告です。

書店や一般の方々の反応を心配し、その日はいつもより早く出勤しました。確か七時頃には出社していたと思います。すると、七時過ぎから電話が鳴り出します。電話をとると、「新聞を見たのですが、この本の著者の吉岡さんをお願いします！」というかなり慌てた強い口調です。「いえ、ここにはいらっしゃいません」と答えると、大抵は「連絡先を教えてください。うちの子供が学校に行かないんです！」といったお母さんからの切羽詰まった電話でした。

本のことよりも、著者に会いたい、連絡先を教えてほしい、という電話が初日だけで五件あり、電話を受けた私達もほんとうに困惑しました。中には電話のむこうでものを壊す音が聞こえたり、子供が怒鳴っている声が聞こえたこともありました。既に家庭内暴力にまで発展しているということです。

本の売れ行きも鰻登りで、初版は一カ月ほどで底をつき、二カ月目に増刷。著者の連絡先を尋ねるために電話をかけてきた読者の対応をしたことで、その本への反応は手に取るようにわかりました。

その後、この著者は「登校拒否をなおす専門家」として有名になり、全国各地で「母親学校」を作って講演活動を始め、テレビにも特集番組で何度も出演し、著書は合計で六冊出版しました。この吉岡さんのアシスタントの林礼子さんという方にも一冊書いてもらいました。この方も全国の学校や教育委員会、「母親学校」に呼ばれて講演活動を始めるようになり、二人で登校拒否をなおす専門家として活躍しました。

まさしく本が経歴となり、肩書きとなって著者をプロモートしていった過程を目の当りにした一例です。

本には数多くの賞がある

他の業界にはない、出版業界特有の利点としては、とにかく授与される賞が多いということです。国内だけで三〇〇を優に超える文学賞があります。その中には、短歌や俳句、児童文学や漫画に与えられる賞も含まれますが、それにしても三〇〇を超えるということは、ほぼ毎日のように文学に関係する賞が授与されているということです。その他にも、学術研究、ノンフィクション、経済学などを対象としたものがあります。これを活用しない手はないでしょう。

まず、自分が書こうと思っている分野には、どういう賞があるのかを調べてください。それはウェブ上で「出版　賞」と検索すればすぐ探し出せます。そして、その賞がまだ本になる前の原稿に与えられるものなのか、既刊本に与えられるものなのか。また、一般募集をしているのか、出版されている本の中から選考委員によって一方的に選出されるものなのかということを確認します。

その結果、一般公募なら、その時期にあわせて原稿を送ることになります。その前に、いままでの受賞作と選考委員の経歴、プロフィールをよく調べて、いわば過去問題へのアプローチと、選考委員の好みを知っておく必要があります。

そのような研究の甲斐あって、万が一受賞したら、お金を出して自費出版をする必要もなく、その賞を主催している組織が主体となって出版へと進むことでしょう。それ以上に、本を出版したことにプラスして、いままでの経歴に受賞歴の一行を加えることができます。そのようなチャレンジができるのも、この出版業界の強みであり、メリットです。

本は新聞一面に専用の広告スペースを持っている

毎朝届く新聞には、ところ狭しと書籍の広告が掲載されています。この新聞一面の下にある広告スペースは出版物専用です。一面記事下とか三八《さんやつ》、三六《さんむつ》とか言われる書籍の広告が載っています。三八は単行本のみ、三六は雑誌の広告を掲載するスペースです。全国紙の一面の広告は全国通しと言って、掲載日は地域によって異なる場合がありますが、日本国中で発行されている同紙の一面下に広告が掲載されます。

新聞の多色化が進み、朝日新聞では二〇〇九年から一面のこのスペースにカラーの書籍広告も掲載するようになりました。各出版社が自前で広告をデザインして作成したデータを持ち込むので、色づかいはカラフルになり、多様な書体が使えるようになって、イラストも掲載できるなど、表現力が格段に上がりました。

かつての広告原稿の作成は、原稿を出版社が考えて広告代理店へ送り、新聞社が版下を組み、広告代理店を通じて出版社へ校正刷りを出してチェックされ、その後に掲載されていました。その広告では、書体は新聞社活字で統一され、活字の大小も規定の範囲内で決められており、広告内容やコピーも一字一句チェックを受けて、裏付けのない数値や文言は証明書類を求められるか、表現を変えるか、というような制約が課されていました。

新聞社の媒体であり、読者に誤解を与えるような広告、表現を抑制する、という意味は理解できますが、出版社の自己責任にゆだねる範囲を拡大してほしいものだ、といつも思っていました。まるで検閲のようであり、表現の自由を損なうのではと疑問を感じていました。同様に、東京の電車や地下鉄でよく聞く「お降りの際はお足元にお気を付け下さい」という言わずもがなの、おせっかいアナウンスと同じに思えてなりません。

いまも広告を掲載する前には、文言のチェックを受けて修正を要請される場合がありますが、それでも新聞社の対応はだいぶ柔らかくなってきました。広告規制という点で表現に対して厳しくなったのは、これは新聞社ではなく政府の意向があり、これに抗うのは別問題。戦う相手は新聞社ではなくて、国を相手にしなければならないので、そんなことをしているヒマがあったら仕事しましょう。

本は自分の分身として国立国会図書館に入る

これは著作物を持つとか、本を出版するという意味からすると、別次元の話になるかもしれませんが、本が出版されると国内で流通する本は、必ず国立国会図書館に一冊は納入され、保存されます。これは著者、あるいは出版社に課されている納本義務に基づくもので、書店流通に載せるかどうかに限らず、本を出版した場合には、国立国会図書館に一冊を納めることが、国会図書館法で義務づけられています。

それはあなたが出版した、あなたの名前が載っている本が、日本国が続く限り保存されるという宿命にあるということです。

自分の本を公表したくないという方は、そもそも出版などしないわけですから、これは多くの著者を励ます仕組みとなってきました。つまり、本は自分の分身ですので、自らが生きた証を保存できることになります。これは原稿段階だけでは無理で、本になったものに限られています。

とかく生きる意義が希薄になってきている現代にあって、自分がここに生きて、存在したことを本という形で残すことができるのは、たいへん意義深いことと思います。これだけでも本を出版する意味があると言えます。

個性的な人の発掘こそが出版の醍醐味

前述したように、出版人あるいは編集者というのは、著者の褌《ふんどし》を借りて相撲をとるようなものです。よって、いかに周囲の人の興味、関心、協力を引き出せるか、というのが出版人・編集者にとっては必要不可欠の役割であり、才能であると思います。

自分の出版社から本を出そうとする人は、出版人と編集者と著者の三役を同時に果たす人ですから、おいそれとなれるものではありません。また、それなりの覚悟と資金が必要になります。

自らの原稿を出版するために出版社を作り、それだけで良いという人もいれば、どうせ出版社を作ったのなら、活動自体を続けていきたいと考える人もいるでしょう。

後者の場合、自分の原稿だけではなくて、他人の原稿をたくさん読んで、出版するかどうかを判断をするための情報を間断なく集めてゆく必要があります。情報を集めた結果、この本は出版した方が良いと考えたとしても、売れるかどうかはわかりません。少なくとも、自分自身が売れるとは思えない本は出版しない方が得策でしょう。

人から「この本は絶対売れるから……」などと勧められて、なにがしかのリスクを背負って出版した。ところが売れなくて返品と借金が残ってしまったというのでは、後悔と自己嫌悪だけが残ってしまうからです。

自分自身で売れると思ったのなら、自らせっせと販売促進にいそしむことができますし、仮に売れなくても、自分で判断を下したと思えば後悔はないはず。少なくとも他人のせいにはできませんので、納得性は高いはずです。

本書では、「本を自分の出版社から出す」というテーマで、多くの人に自らの出版社を立ち上げて、出版業界で勝負してほしいと考えています。自分自身の原稿を出版するだけではなくて、ぜひ、他人の原稿の中からでも、良い原稿と良くない原稿を見分ける力を身につけてください。たとえ自分自身で判断できなくても、周囲から参考になる知識や情報を集める能力は持つべきでしょう。

そして、人に聞くことをいとわない、恥ずかしいと思わない人なら、この業界に向いていると言えましょう。人に道を聞けない人、困っている人に声もかけられない人、このような方は出版業界や編集者には向いていないと言って良いと思います。

海外における出版活動へ

海外で本を出版したいと考えている人がいるという話は、だいぶ前から聞いています。実際に、当社にも海外で本を出版したいが、どのようにするのかという問い合わせが年々増えてきています。

いわば国際自費出版という形で、著者の要望に応えてきました。いままでにも、当社で発行した本を翻訳出版をして米国、中国、台湾、韓国、インドへ輸出してきました。アジア諸国では、日本の出版物への期待度が高く、多くの本を各国で翻訳出版しています。しかし、日本の著者は英語や仏語など、先進国で翻訳出版されることには積極的ですが、アジアでの翻訳出版にはまだ十分な関心も情報も持っていません。

この点では日本はまだまだ緒に就いたばかり。今後、当社でも日本から海外の出版社へ作品の輸出を促進させてゆきたいと考えています。特に、米国、中国、韓国、インド、イギリス、フランスでの展開を促進するべく計画を練っています。

第三章　どうしたら自分の本を出版できるのか？

メディアにおける出版の位置づけ

近年、インターネットの普及により、パソコンを所有している人なら誰しも、ネット上に存在するあらゆる情報を、ほぼ無料で取得することができるようになりました。もちろんそれだけではありません。人類史上初めて個々人が情報を発信することもできるようになりました。昨今はFacebookやTwitterを利用し、より多くの人がより簡単に情報を発信する機会を獲得しました。

さらにはスマートフォン、iPadに代表されるタブレット、Kindleなどの電子書籍リーダー、WiFiなどの普及により、インターネットへの接続機会は飛躍的に増えました。総務省の通信利用動向調査によるとインターネット利用者数は二〇一三年以降、一億人を超えており、人口普及率は八〇%に達しています。

余談ですが、昨今、デジタルネイティブと呼ばれる、生まれたときからデジタルと慣れ親しむ世代の存在が増しています。一九九〇年以降に生まれた彼等は、物心ついた頃には既にインターネットは普及していて、一人一台携帯電話を所有するのが当たり前となっていました。

インターネットが普及する前を知っている世代にとって、携帯電話は通話とメールとせいぜいニュース等のコンテンツを閲覧するぐらいの道具でしかありませんでした。

ところがデジタルネイティブにとっては、一日のうちの数時間を、スマホを利用するために割いていて、小説やマンガはスマホで読み、コミュニケーションもスマホ経由で行うことが日常的になっています。コンビニなどで立ち読みができなくなっていることなども、それを加速させているようです。そして驚くことに、彼等はテレビを視聴する時間より、スマホを使っている時間の方が長いという調査結果も出ているのです。スマホを奪われることは、体の一部を失ったに等しい感覚に陥る、そんな存在にまでなっているのです。

LINEを使ったコミュニケーションが常態化し、リアルなコミュニケーションを苦手としている若者が増えているなどという問題もありますが、彼等にとってはスマホがなければ、コミュニケーションが図れない時代となっているのは間違いありません。

いずれにしてもインターネットの普及は、一般大衆に、情報を受け取るだけにとどまらず、情報を発信する機会を提供したのです。それにより人々は自分しか知り得ない情報を、世界中に知らせる術を獲得したのです。しかもその情報を発信し、獲得するための価格は、限りなく〇円に近くなりました。

グーテンベルクが一四五五年に印刷機を発明し、グーテンベルク聖書を印刷した時以上のコミュニケーション大革命が、猛スピードで進行しているのです。

インターネットの普及は、情報の大海原へと人々を解放しました。では五世紀以上前にグーテンベルクが作り出した印刷の世界、とりわけ出版の世界は、このコミュニケーションの大革命の世の中で、その地位を相対的に少しずつ低下させていることは間違いありません。ここからは、この急速に変化していく出版業界の実態を説明していきましょう。

出版業界の動向

日本の出版社数は、一九九七年の四六一二社を最大に、そこから減少を続け、二〇〇八年には三九七九社と、四〇〇〇社の大台を下回りました（出版ニュース社調査）。

全国出版協会・出版科学研究所の『出版指標年報二〇一七年版』によると、書籍と雑誌をあわせた売り上げ規模は、一九九六年の二兆六五六四億円をピークに、二〇〇九年には二兆円を下回り、二〇一六年は一兆四七〇九億円と年々縮小しています。そのうち書籍のみの販売部数と金額を見ると、やはりピークは一九九六年の九億一五三一万冊、一兆九三一億円でしたが、二〇一六年には六億一七六九万冊、七三七〇億円にまで減少しています。

そうした状況にある中で、デジタル制作技術の進歩により、その制作過程は飛躍的に省力化され、短期間で出版物を発行することができるようになりました。そのため出版社数や売り上げ規模が減少を続けているにもかかわらず、書籍の新刊点数はそれほど減っていません。一九九六年が六万三〇五四点、過去最多を記録したのが二〇〇九年の七万八五五五点、二〇一六年は七万五〇三九点でした。実に、毎日二〇〇冊強の新刊が世に送り出されている計算になります。デジタル化が進んでいるとはいえ、グーテンベルクが聖書を印刷して以来、書籍メディアの主役は紙を使った本であることは変わっていません。パソコンやスマホや電子書籍リーダーで電子書籍を読む人も増えてはいますが、書籍においては、まだまだ主役の紙の座を奪うまでには至っていません。

出版流通の実態

出版業界全体を見るに、本を作るところよりも、書籍流通の方が旧態依然だと言えます。出版物は出版社が発行し、取次が流通させ、書店が売るという仕組みで成り立っています。終戦から現在まで、幸か不幸か再販売価格維持制度（再販制度）が継続していて、定価販売が義務づけられている数少ない商品が出版物です（再販制度については第五章で詳しく説明しています）。

そして、再販制度の下で出版物を発行し、書店で売ることができる権利は、取次との取引口座のある出版社にのみ与えられているものです。誰もが書店で売れる本を作れる訳ではありません。そこがインターネットの世界と大きく異なるところなのです。

それでは自分の本を、書店で売るにはどのようにすれば良いのでしょう。いくつかの出版形態をもとに説明しましょう。

出版形態①「商業出版」

商業出版とは出版社が企画し、出資をして発行する出版形態のことです。他に企画出版、オリジナル出版とも言います。広く世間に知られている出版社の多くは、この出版形態をとっています。ベストセラーとなっている書籍も、ほとんどがこの形態です。

文芸書、ビジネス書、専門書など、ジャンルにより発行部数は大きく異なります。初版部数は文芸書で一万部前後、ビジネス書で二〇〇〇～三〇〇〇部前後、専門書で一〇〇〇～一五〇〇部前後が相場です。ただし著者によっては初版部数が数倍、数十倍となるケースもあります。

書籍の売り上げの三〇～四〇％を書店と取次が手にすることになります。つまり出版社が手にするのは定価の六〇～七〇％で、この掛け率のことを一般的に

「正味」と言います。なぜ出版社の掛け率に幅があるかというと、流通を一手に仕切る取次と出版社との間に力関係があるからです。詳しくは第五章で説明しますが、付き合いの長い出版社に対する取引条件は優遇されていますが、新参の出版社に対しては正味を低く抑えたり、発刊からしばらくは、支払いの一部を制限することなどがあります。

印税

商業出版の特徴として、著者には印税が支払われます。著者の知名度にかかわらず、ほとんどの場合発行部数に定価の一〇％を乗じた金額が支払われます。ただし、処女作の場合には一〇％以下に印税率が抑えられたり、初版印税は支払われず、増刷になって初めて支払われるケースもあります。

余談ですが、二〇一五年に芥川賞を受賞した又吉直樹氏の『火花』（文藝春秋）は、二五〇万部突破と言われております。本体価格一二〇〇円ですから、又吉氏の印税収入は単純計算で三億円はあると考えられます。

これまでに二〇〇万部を超えた小説は、片山恭一氏の『世界の中心で、愛をさけぶ』や村上春樹氏の『ノルウェイの森』など数えるほどしかありません。全ジャンルにおいても、直近では二〇〇九年刊行の岩崎夏海氏『もし高校野球の女子マネージャーがドラッカーの『マネジメント』を読んだら』がありますが、その他は二〇〇万部といってもシリーズ累計や文庫・電子を含む累計の数字だったりします。

かつては三〇〇万部を超える書籍もありましたが、最近ではミリオンセラーでさえ数が減ってきたように思います。もしかすると今後、出版業界も電子書籍化が進むにつれて、ミリオンセラーが一切出なくなる可能性もあります。

苦戦する商業出版

実はミリオンセラーが出にくくなるというシンボリックな出来事が起きるかなり前から、商業出版は大苦戦を強いられているのです。書籍の平均単価は二〇〇二年の一二二八円をピークとして下落傾向にあり、ここ一〇年近くは一一〇〇円台で推移しています。

一般的な商品であれば、価格を下げれば販売部数が拡大し、売り上げを維持することもあります。しかし、書籍の場合そう単純ではありません。単価が下がったにもかかわらず、一企画あたりの売り上げ部数は縮小し、発刊点数だけは減少せず、前述の通り一日に約二〇〇冊が発刊されているのです。その影響で、ここ一〇年の返品率は四〇％前後となっています。

再販制度の下、書籍は出版社と書店の間を行ったり来たりしますが、増刷となれば初版部数はすべて売り尽くしたとみて間違いありません。例えば初版で一万部を印刷をして、完売し、二〇〇〇部を増刷したとします。その二〇〇〇部を書店に流通させたところ、残念なことにすべて返本になってしまったとしても、返本率はわずか一六・六％です。そう考えると、四〇％の返本率というのは、初版すら売り切っていないに違いありません。一万部を発刊しても、そのまま四〇％が返本になっている、つまり四〇〇〇冊が倉庫で眠っていると考えて間違いありません。

ですから昨今の商業出版は増刷になる確率がかなり低く、初版を売り切ることなく、半数近くを不良在庫として抱えているわけですから、経営状態が良いはずはありません。それを打開するために、ヒットを期待し、必要以上にたくさんの企画点数を発刊しているのです。それがまた大量の在庫を抱えるという悪循環に陥る原因となっているのです。企画力で勝負してきた出版社倒産のニュースを見れば、商業出版がおかれた状況は決して楽観視できるものではないことを証明していると言えます。

苦戦が続く商業出版ですが、それだけに出版各社は起死回生のヒット作を望んでいます。企画点数は相変わらず多いものの、商業出版の企画採用のハードルが下がった訳ではありません。ヒット作を生もうと考えている出版社が、持ち込み企画に依存しようという考えはほとんど持ち合わせていません。やはり売れる見込みのある名の知られた著者頼みなのが現実です。自らが思う最良の企画をいかにして人気の著者に書かせるかというのが、商業出版を生業とする出版社の腕の見せ所です。

出版物を書店に流通させる権利を有するのは、取次口座を持つ出版社だけです。しかし、その出版社が人気の著者の方しか見ていないわけですから、日本では一般の人には出版の自由が認められていないといっても過言ではないのです。

出版形態②「自費出版」

日本では一般の人に出版の自由が認められていないと申し上げましたが、それは商業出版の世界のことです。代わりに自費出版という出版形態があります。つまり資金さえ準備できればどのような企画でも本にすることはできます。

自費出版による書籍のヒット作は、それほど多数ある訳ではありませんが、二〇〇七年には空前のヒット作が誕生しました。第一章で述べた通りJamais-Jamais著『B型自分の説明書』（文芸社）にはじまり、最終的に四つの血液型を網羅した作品は、ついにトータル六二〇万部の大ヒットとなりました。その四冊に続き、多くの出版社から二匹目のどじょうを狙った企画で多数発刊されました。

この『B型自分の説明書』は一〇〇〇冊からスタートした自費出版です。ただB型のヒット以降A、AB、O型は売れることがわかっていたわけですから、商業出版へと移行した可能性はありますが、血液型シリーズに代表される自費出版はどのような出版形態なのか、簡単に説明しましょう。

費用負担

自費出版が商業出版と大きく異なるのは、著者が制作費用等を負担するという点です。

出版社としては売れる見込みがない書籍には投資しませんので、商業出版の基準から外れた企画は、世間にあふれ返っています。しかし、自分の原稿をなんとしても本にして、書店に並んでいるところを見たいという著者もいます。自費出版はそんな出版社が投資しないような企画に、著者自らが必要な費用を負担し、出版に漕ぎつけるというものです。通常は費用のすべてを著者が負担しているケースが多いと思われます。

印　税

自費出版の印税には相場がないと言えます。ただ多くの場合、商業出版同様一〇％程度に設定されていますが、企画次第では八％、六％、本当に売れる見込みがない場合には初版は〇％というケースもあります。

　商業出版の場合、通常、発行印税が支払われます。つまり、出版社はその本の売り上げに関係なく、印刷した部数に対して著者に印税を支払わなくてはなりません。それに対して自費出版の多くは実売印税となっています。実売印税は実際に売れた書籍に対して印税を支払うため、出版社にとっては大幅なコスト圧縮となります。

　著者が費用のほぼ全額を負担しながら、書籍の売り上げの六割以上を出版社が手にする訳ですから、出版社にとってはローリスク、ハイリターンですが、著者にとってはハイリスク、ローリターンと言えます。これが自費出版の特徴です。

　一般のビジネスの常識では考えられないような条件ですが、著者はこれを飲まなくては、発行する機会を得られません。それだけに自費出版は訴訟となることも多く、公平性を欠く出版形態といっても過言ではないでしょう。

　ちなみに六二〇万部を突破した血液型シリーズですが、一〇〇〇冊の自費出版の費用は一〇〇万円程度のはずですが、定価が一〇〇〇円ですから、仮に印税率が一〇％だと仮定したならば、Jamais-Jamais 氏が手にした印税は約六億二〇〇〇万円にのぼります。そう考えると自費出版は、ヒットさえすれば投資効率は非常に高いと言えます。

自費出版市場の今後

前述の通り、自費出版には何かしらの問題が発生することは否めません。

自費出版専門の新風舎は、二〇〇五年には四〇〇〇社を超える日本の全出版社のうち、発行点数でトップに立ちました。それから二年後の二〇〇七年に、全国約八〇〇店の書店で販売すると説明されて新風舎と出版契約を結んだにもかかわらず、実際は一部の書店でしか販売されなかったとして、三人の著者が提訴しました。

訴訟金額は決して大きくはなかったのですが、新風舎はもちろん、自費出版への信用度も下落し、二〇〇八年には民事再生法の適用を申請し、二〇一〇年二月破産となりました。

新風舎に絡んだ一連の出来事により、自費出版に対する信用が失墜したのは間違いありません。だからといって、決して出版を望む著者が減っている訳ではありません。

　これまでのような不公平な出版形態ではなく、リスクを負ったものが報酬を得られる、自費出版に代わる新たな出版形態が生まれない限り、日本においては本を出版したいという著者の願いは叶えられることはないでしょう。

出版形態③「タイアップ出版（共同出版）」

　タイアップ出版（共同出版）とは自費出版の一形態です。両者の違いは著者が負担する制作費の割合です。自費出版は全額負担であるのに対し、タイアップ出版は一部負担であるのが一般的です。後者の場合、著者が費用を支払う以外に、書籍を購入したり、最終的に売れ残った書籍を買い取ったり、何らかの形で販売を補助したりすることもあります。つまり、著者が売り上げに貢献する出版形態です。

　タイアップ出版は自費出版と商業出版の中間に位置します。しかし著者が、制作費に充てた金額を印税で回収するのが難しいという点では、タイアップ出版もハイリスク、ローリターンと言えます。

発行元（出版社）になる

これまで、著者が発行元になるという出版方法があることは世間ではほとんど認知されていませんでした。詳しくは第六章、第七章で説明いたしますが、この出版方法はハイリスク・ハイリターンですから、投資として

出版形態ごとの特徴

	商業出版	自費出版	発行元になる
書籍の所有権	出版社	出版社	著者（発行元）
書籍の入手方法	定価の80%で購入	定価の80%で購入	著者が所有
印税（売上）	定価の10%	ほぼ定価の10%	定価の60%
制作コスト	負担なし	ほぼ全額著者負担	全額著者負担
流通コスト	負担なし	制作コストに包含	著者が負担
編集、販売方針	出版社が決定	出版社が決定	著者が決定
コンテンツの二次使用	出版社が決定	出版社が決定	著者が決定
タイトル、装丁、定価	出版社が決定	出版社が決定	著者が決定
発行部数、増刷、絶版	出版社が決定	出版社が決定	著者が決定
販売状況	詳しく知りえない	詳しく知りえない	売上報告有、在庫確認可
販促	積極的	消極的	著者が決定
企画の採否	ほぼ不採用	金額次第	100%発行可
発行元名	出版社の名称	出版社の名称	著者が決定
発売元名	なし	なし	出版文化社
リスク	LOW	HIGH	HIGH
リターン	LOW	LOW	HIGH

は合理的な条件ですし、発行するしないの主導権は著者にありますので、どうしても出版したい企画がある場合は、理想的な出版方法と言えます。

第四章以降は、出版社が書籍を制作して、流通させていくまでを解説します。自分が出版社を立ち上げたつもりで読み進めていただければと思います。

第四章　書籍ができるまで

ヒットする書籍とは

このような見出しを立てることで、読者の皆さんは大いに期待されることでしょう。しかし、そんな万能の企画などありません。もし本当にそんな企画があったら、出版社が大挙してそれを買い求めにやってくるはずですし、どの書籍も大ヒットしているはずです。あるとすれば村上春樹氏に書いてもらうことぐらいでしょう。

書籍の出版は増刷して初めて利益が出る構造と言えますが、第三章でも述べた通り、増刷される確率はかなり低いのが実情です。一般的には二割程度と言われています。裏を返せば初版すら売り切らずに、かけた原価をペイできずに埋もれていく企画が八割程度を占めているのです。

こうした厳しい状況の中でも商業出版による企画は、すべて売れると見込んで立てているわけですから、逆に「この企画は必ず売れる。儲かるにちがいない」と断言している人がいるとしたら、その人は信用しない方が良いでしょう。

売れる売れないはともかく、書籍を作るために最低限必要な作業を説明しておきましょう。

テーマを決める

書籍を作る上で明確にすべきことは企画を立てることとです。そして企画の中身で、明確にすべきことは「訴えたいことは何か」です。

出版を考える人に、訴えたいことがない人はいないはずですが、稀に、本は出版したいけれど、何を書けば良いかわからないという相談を受けます。そういう人には本の出版を断念した方が良いとお勧めしています。

有名な著者には、出版社がこぞって売れそうな企画を携えてアプローチをしますが、そうでない人は、自ら企画を立てなければならないからです。

熟慮すべきは、「訴えたいこと」がひとりよがりになっていないかどうかです。単に「好き」だとか「興味がある」といった動機づけで書かれた本をもって読者の心を掴むのは至難の業です。仮にそのような書籍ができたとしても売れる見込みはありません。そこに市場性があるかどうかも大事なポイントです。

皆さんの中に、友人の家で彼らのホームビデオを観た経験のある人は少なくないと思います。しかし、是非観たいと自らすすんでお願いした人はいないでしょう。友人がどうしてもと言うから仕方なしに観たという人がほとんどのはずです。ましてや見ず知らずの人がお金を払ってまで観たいと思うことはまずないと言えます。

ホームビデオなら自分だけが楽しいと思い込んでいても構いません。しかし書籍の場合、それでは売れません。書店に並べて読者に読んでもらいたいと思うなら市場性は考慮すべきです。そのためには、第三者の手を借りて客観的に評価してもらうのが良いでしょう。

友人や家族ではあまり頼りになりません。やはり企画を評価するのは出版社にお願いするのが一番です。出版社は企画に投資をする立場のため、自ずと評価する基準が厳しくなります。ですが出版社には、いくつもの企画が毎日のように持ち込まれてきます。そのため有無を言わせず持ち込まれた企画を却下する傾向すらあります。それではいつまで経っても一般の人には出版のチャンスは巡ってきません。その場合には前述のような自費出版や発行元になるという出版方法があります。

対象読者を絞る

どんなホームビデオであれ、お金を出しても観たいという人はいるものです。子供を撮影したものならば、他人にとっては観るに耐えないものかもしれませんが、おじいちゃん、おばあちゃんであればどうでしょう？　それを観るためにプレゼントやお土産を用意するぐらい、つまりお金を出してでも観たいと思う貴重な映像だと言えます。

書籍の企画も一緒です。読んでくれる人は必ずいるはずです。しかし、対象ではない読者にどんなに訴えたところで買ってくれる人はいません。やはり誰に読ませたいのかを明確に打ち出すことが重要なのです。

インターネットの普及により、多くの人が必要な情報を必要な時に、簡単に取得できるようになりました。それだけにありふれた情報は、供給過多の商品と同様に、その価値は限りなく無料に近づいています。逆に、誰も知らない、インターネットで調べても出てこないような情報は、高い価値があると言えます。

ですからインターネット社会において書籍に求められている役割は、著者しか知らない情報、ニッチな世界を取り上げたもの程、意外にも売れたりすることがあるのです。そういう情報にこそ、人はお金をつぎ込むのです。

たくさんの人に読んでもらいたいという欲求をぐっと抑え、インターネットで調べても決して出てこないような、対象読者を絞りに絞った企画に狙いを定めることが、書籍には求められているのです。それこそが書籍出版の生きる道なのかも知れません。

内容構成を考える（目次をつくる）

誰に何を訴えたいのかが明らかになったところで、次は内容構成を考えます。

いまやカーナビを搭載している車が当たり前になりました。私のような古い人間は散々地図とにらめっこをして、道を記憶する努力をしてきましたから、今更カーナビなどなくても、目的地が近郊ならば、ほぼ迷うことなくたどり着くことができます。もちろん最短距離で、さらには渋滞を避けて最短時間で辿り着けるかと言えば、そんなことはありません。カーナビには到底敵いません。

カーナビは、ＧＰＳシステムを利用しています。地上から二万キロの位置に、三〇個のほどのナブスター衛星という人工衛星が、約一二時間で地球を一周する速度で移動していて、全地球上を網羅しています。そのうち、複数のナブスター衛星が発する信号が届くまでの時差を測定することで、受信機の位置が割り出されているのだそうです。

もちろんこのナブスター衛星は最低でも三〇個のうち二四個が飛んでいないと、全地球を網羅することができなくなってしまうのだそうです。ところがこの衛星の寿命はわずか七年程度で、しかもアメリカが不定期に打ち上げているだけなのです。

アメリカが予算を割かなければ、ナブスター衛星が使えなくなるという事態も十分に起こり得るのです。カーナビメーカーも、日本国民も、アメリカなくしてはこうした文明の利器の恩恵を享受することができないのです。

アメリカがこの衛星の打ち上げを断念し、もしくは戦略的に打ち上げることを止め、カーナビが使えなくなった時、現代人はどうなってしまうのでしょう？ちょうど、電話やファックスやメールがない時代など想像がつかなくなっているのと同様、数年後にはカーナビなしでは多くの車が路頭に迷っているに違いありません。

随分と遠回りをしてしまいましたが、カーナビの本来の目的は、見知らぬ土地を旅する時にこそ、その力を発揮します。

それは書籍を作る際においても同じです。見知らぬ土地で勘だけを頼りに走るなどという無謀なことをする人はいないでしょう。まだ見ぬ書籍を完成させるためにも地図やカーナビが必要なのです。

その役割を果たすのが内容構成案や目次です。これらがなければ、思いもしない方向へと進んでしまう可能性が高いのです。本来読ませたかった読者は全く興味を持たない、訴えたかったことに一切触れられていないということも十分に考えられます。

そして何よりも、書き進めるべき道を指し示すものがあるとないとでは、執筆のスピードにも大きな違いが生まれてきます。まずは地図を作る。それが原稿作成の第一歩です。

著者と交渉する

企画の方向性が固まったところで、執筆といきたいところですが、原稿は必ず自分で書かなければいけないというルールはありません。

実際には出版社自身が執筆することはほとんどありません。自ら書く時間を作り出せない人は、人に任せてしまっても良いわけです。逆に売れる本にしたい、ヒット作を生み出したいというなら、名前のある著者に書いてもらうのが一番です。同じ企画、同じ原稿でも、著者名一つで売れ行きが大きく異なることもあります。

ただ、名前のある著者を説得することは容易ではありません。有名であればある程、書いてもらいたい人、書いてもらいたい出版社はたくさんあり、著者の前には行列ができていきます。その行列の最後に並ぶ覚悟が必要です。それに加えて、その著者をその気にさせることが一番難しいのです。

どんなに売れている著者であっても、せいぜい印税率は一〇％までです。ところが一般の著者と違うのは発行部数です。印税率で無理を言われるケースは少ないのですが、最低の発行部数を指定をする著者もいます。

名前がある人が書こうが書くまいが、売り上げに影響のない企画もあります。例えば、実務書などはあまり名前を必要としません。そんなときは極力安く書いてくれる人を探すか、もしくは自分自身で書いた方が良いでしょう。判断基準はかけられる予算と、想定される売り上げとの関係性にかかっています。なぜなら著者に支払われる印税は、発行部数×定価×印税率だからです。

著者が決まったら、次は原価の洗い出しです。実際に執筆に入る前に原価を洗い出しておくことをお勧めします。

原価を洗い出す

書籍の出版というと、勘や経験則に頼った世界のように思う方が多いようです。

実際のところそういう出版社も多いのは確かです。

　お金をかけて作ろうと思ったら、その経費は青天井です。第二章で述べた『Santa Fe』のように実際にたくさんのお金をかけて制作し、販促に投資をし、かなり売れたにもかかわらず、いざ集計してみたら赤字だったということもよくある話です。

　内容構成が書籍の中身を決める地図だとするならば、予算書は書籍をビジネスで成功させるための地図だと言えます。原価がわかっていれば、最終目的地までの距離は算出できますが、そうでなければ、どこまで行く必要があるのかわからないまま走り続けなくてはなりません。

　印税、原稿料、編集費、デザイン料、印刷・製本費、紙代、校正費、組版代などが挙げられます。その他にも、原稿をやりとりする際の宅配便・郵便の料金や写真の掲載料・撮影費なども考慮しなくてはなりません。

　道楽で書籍を発行するのでなければ、この段階ですべての原価を洗い出しておく必要があります。

販売部数を予測し、定価を設定する

原価の洗い出しが終わったら、次はどのようにして利益を上げるのかを図らなくてはなりません。

まずありとあらゆる方法で、売れるであろう販売部数を算出します。実のところ、出版業界はこの部分が遅れています。信頼できるマーケティング手法が確立されている訳ではありませんし、ほとんどの場合、経験則や過去の類似書籍の売れ行きを参考にしているのが実態です。いくら類似書籍の売れ行きを参考にしてみたところで所詮別物ですから、参考程度にしかなりません。

かといって大きな費用をかけて、本当に市場が求めている情報なのかを確かめていたら、原価が膨らみ採算ラインが遠退く一方です。

それでも販売予測部数は導き出さなくてはなりません。販売予測部数と、販売予定価格とを掛け合わせ、取次から手にすることができる売り上げの掛け率を掛け合わせた数字が、売り上げ予定金額となります。

例えば定価一五〇〇円の書籍が三〇〇〇冊売れる見込みがあるとし、取次から定価の六〇％を手にすることができるとしたら、あなたの出版社が手にすることができる売り上げは一五〇〇円×三〇〇〇冊×六〇％＝二七〇万円です。この金額より原価の方が大きいようだったら、原価を下げる努力をするか、定価を上げるか、売り上げ部数をのばす努力をするかしなくてはなりません。

簡単なように聞こえますが、これらはそう単純ではありません。

原価は人件費が大半ですから下げたくともそう下がるものではありません。原稿を大幅にカットをして、ページ数を減らして印刷代を下げるようでしたら話は別ですが、それでは本末転倒です。

定価を上げる場合には、販売部数が落ちる可能性があり、逆に売り上げを落とす可能性もあります。もちろん著者しか知り得ない貴重な情報を織り込んでいるような企画や、どんなに高くても必ず買ってくれる読者のいるジャンルの書籍であれば、高くしておくべきだとは思います。しかし、それぞれのジャンルには、適正な価格帯があり、それを大幅に上回るようですと売れ行きが悪いのは間違いありません。

逆に定価を下げて売り上げ部数を伸ばそうとしたとしても、いくら売っても採算ラインを超えない可能性があります。

それに売り上げ部数を伸ばそうと販促を仕掛けたとすれば、原価が跳ね上がり採算ラインが遠ざかることになります。

散々悩んだあげく、一番損をしない方法として残った選択肢は、出版を断念するということだったという笑えない話もよくあります。

ただ、一つ言えることは、利益を出せるかどうかという判断は、勘であっても構わないので、できる限り早く行うべきです。

そして、この販売部数を予測し、発行部数と定価を決定し、採算にあうかどうかの判断こそが出版社の仕事なのです。採算にあうあわない、ここだけは出版社以外にはできません。

スケジュールを立てる

スケジュール作成はどんな仕事にも通じるビジネスの常識と言えます。雑誌ほどではないとはいえ、書籍であってもスケジュール通りに発行するということが重要です。

例えば改正される法律に関する解説書を作るとします。発刊が施行の半年後となったのでは、改正直後に発行したのと比べ、書籍の価値は大幅に下がります。おそらく売れ行きも同様でしょう。

自己啓発本に関しても同様のことが言えます。例えば新入社員向けの自己啓発本ならば入社前後に発刊するのが一番でしょう。それを夏や冬に発行していたのではあまりに遅すぎます。

しかし、書籍をスケジュール通りに発行するのは至難の業です。原稿作成からして完成が遅れるのが普通です。作家や著述家をはじめ、プロのライターでも、原稿完成日を守れる人の方が少ないぐらいですから、本業を抱えながら原稿を執筆する著者はさらに大変です。スケジュールを立ててもそんな状態ですから、立てなければ言わずもがなです。

また、発行までのスケジュールが一番重要ではありますが、営業・販促に関するスケジュールも併せて考えておいた方が良いでしょう。

本が書店に並ぶ前や、並んでから一カ月以上経過してから新聞広告を出稿したのでは、広告効果は落ちてしまいます。

書店営業などは発刊前から動き出さなくてはなりません。完成した時には取次に書籍をすぐに搬入できるよう、あらかじめ書店からの注文を集めておかなくてはなりません。

ともかく、予定通りにいくいかないは別として、スケジュール表を作成して、関係者全員に配布しておくことが重要です。それが小さいながらも工程の遅れの抑止力となることは間違いありません。

原稿を書く

これでようやく原稿を執筆できる準備が整いました。本の制作の中で一番時間を費やす部分です。長丁場の作業となりますので、完成度合いや、全体像を掴んでおくためにも、著者はあらかじめ決められた内容構成と、スケジュールに従って書き進めることが重要です。

もちろん、原稿の細部まで詰めておく必要があります。例えば「ですます調」なのか「である調」なのか、「私」「僕」「オレ」など主語はどうするのか、特定の文字を漢字にしておくのか平仮名にしておくのか、数字の表記の仕方はどうするのかなど、あらかじめ決めておけば後々の編集作業の手間を大幅に軽減することができます。

とりわけ共著となる場合には、書き手によって原稿のでき具合やタッチが大幅に異なります。少なくとも上記のことは最低限決定した上で書き進めることをお勧めします。

それから美文を書こうとして筆が進まなくなることがあります。読みやすさは編集に任せるつもりでどんどん書き進めるべきでしょう。一点にこだわって文章が出てこないようだったらそこは飛ばして、内容構成案に従い書けそうなところから書いていくべきです。時間が経過したら悩んでいたことが嘘のように、良い文章を思いついたりするものです。

もちろんプロのライターなど、第三者に原稿を依頼することもあるかと思います。ライターが執筆したものが、想定していたものと全く違ったということはよくあります。そのような齟齬《そご》が発生しないよう、内容構成やスケジュール、企画概要などをしっかり伝え、十分にコミュニケーションをとり、どのような本にするのかを共有しておく必要があります。

編集する

出版業を営んでいると、編集とはどのような仕事なのか？　という質問を受けることがよくあります。一般の人にはわかりにくいのは確かです。おそらく自分の仕事を明確に説明できる編集者などいないはずです。それぐらい明確な定義がないのが編集です。

編集するのに必要な資格はありません。その気になれば、明日からでも編集者を名乗ることもできます。確かに誰にでもできますが、そう簡単な訳ではありません。経験がものを言う世界です。

まず、著者に原稿を書いてもらうことからスタートします。完成した原稿に修正を入れられるのは編集の職権です。それ以外にも、書かれていることの事実関係の確認、引用原文や出所の調査、図版・写真などの見せ方やレイアウトの決定、目次や索引や見出しの作成、校正、全工程の進行管理など、内容は多岐にわたります。

作業の範囲が広いだけに、編集次第で完成する書籍が全く違ったものになります。良い原稿があっても、編集次第で玉になることもあれば石になることもあるぐらい、本のでき具合を大きく左右します。

明確な定義はないとはいえ、編集なくして書籍は完成しません。どの本も必ず誰かが編集の手間を割いているはずです。原稿を推敲する、それだけでも立派な編集の仕事です。繰り返しますが、どのような書籍になるか、その大きな部分を編集が担っているのは間違いありません。

アマゾンの「Kindle ダイレクト・パブリッシング」というサービスを利用すると、自ら作った原稿データを Kindle ストアで販売することができます。

この場合、編集者はいませんが自己満足で終わらせないためにも、自らが第三者の視点に立って編集作業もしなければ、多くの人の共感を得るものにはなりません。

文字・図版を組む

　現在では出版業界外の方々にも、広く知られているＤＴＰとはDesktop Publishingの略です。編集者の指示に基づいて、オペレーターがパソコン上でテキスト原稿を、書籍の体裁へと組み換え、最終的に印刷所へ入稿するデータ（版）を作成する作業のことを指します。「組版」とも呼ばれます。

　InDesignやQuarkXPressといったＤＴＰ専用のアプリケーションを使って作成するケースがほとんどです。かつてはMachintoshの独擅場でしたが、Windows版のアプリケーションも増え、Windows上でＤＴＰをすることも多くなっています。だからといってＤＴＰを自分でやろうというのはお勧めしません。編集者でもＤＴＰができる人は少なく、習熟度の低い人が組んだ場合には印刷時に事故となることもあります。

　それから一度ＤＴＰ作業を始めたら、別のパソコン環境で作業をすることは避けた方が良いと言われています。異なるフォントが使われていたり、アプリケーションのバージョンが違うだけで問題が生じることもあるからです。
ここはとにかく無理をせずにＤＴＰの専門家にお願いすべきでしょう。

校正する

校正は原稿の推敲作業ではありません。文法的に間違いはないかどうか、「てにをは」に間違いはないかどうか、原稿全体で表記に統一性が図られているかどうか、ノンブルや柱、ツメなどに間違いがないかをチェックします。また校閲の作業になると、さらに一歩踏み込み、内容の事実関係に間違いがないかどうかを確認します。

具体的な作業としては明らかな間違いには赤字を、それ以外は鉛筆書きで疑問点・確認点を書き込みます。それを著者もしくは編集者に戻し判断を委ねます。

かなり書き慣れたベテランの著者やプロのライターであっても、間違いは必ずあります。特に原稿作成が手書きではなく、キーボードでの入力が主流となって以降、思いもよらない入力ミスや変換ミスが増えているのは確かです。全く直しのない原稿などありません。いくら編集者や著者が穴があく程チェックしたとしてもです。校正はプロの仕事であり、一般の人との技術の差は歴然です。必ずプロにお願いすることをお勧めします。

デザインする

書籍のデザインは大きく分けて二つあります。一つは装丁デザイン。もう一つは本文デザインです。ただし一般的なビジネス書や文芸書など、読み物と言われる書籍で、本文にデザイナーが介在することは、ほとんどありません。実用書や、実務書などの多少複雑なものや、芸術系の美しさが求められる書籍はデザイナーにデザインを任せた方が良いでしょう。

装丁は必ずデザイナーにお願いすべきです。どんなに素晴らしい原稿でも、装丁が悪いと読者は手に取ってくれません。カバーデザインの良さだけで、ついつい買ってしまったという経験がある人もたくさんいるはずです。

昨今、過去の良書や名作を、現代人が好みそうな装丁デザインに差し替えて販売したただけで、再び大ヒットしたという実績もあります。それぐらい装丁デザインは重要性が高いと言えます。

なお、装丁デザインにはカバー、帯、表紙、本扉が含まれます。場合によっては本文までデザインすることもありますが、前述の通りデザイナーが携わることは少ないと言えます。

印刷・製本する

書籍の制作コストで一番大きな部分を占めるのが印刷費です。しかもページ数や使用する紙、カバーや帯があるかないかなど、印刷の仕様によって金額は大きく変わります。ですから企画が固まった段階で、おおよそのページ数を決め、それに基づき印刷会社から見積りを取っておく必要があります。印刷所によっては組版をしてくれるところもありますので、組版会社を探すのが面倒なようなら、印刷所に相談してみるのも良いでしょう。

この工程ではまず、入稿データのページ数に基づいて、最終見積りを依頼します。それから入稿です。編集、組版、校正を経て完成したデータと、それらを出力した見本（出力見本）をつけて印刷所に渡します。その一～二日後に校正紙が届きます。カラーページやカバー・帯の色の出方（色校正）を確認するとともに、本文（白焼き校正）が出力見本通りに出力されているかどうかを確認します。印刷ミスなどがあれば校正紙に赤字を入れるとともに、修正したデータを印刷所に戻します。

ＤＴＰ関連ソフト最大手アドビと、マイクロソフトが共同で開発したOpen-Typeというカテゴリーのフォントの登場によって、Machintosh とWindows のいずれの環境でも利用することができるようになりました。

しかも、旧来のＯＣＦやＣＩＤといったＤＴＰで使われていたフォントとは異なり、プリンタなどの出力機にフォントをインストールしておく必要がなくなりました。

そのため、かつては入稿データにＯＣＦとＣＩＤフォントが混在していたり、印刷所の印刷機に使用フォントが積まれていなかったりすると、字詰め情報などが狂ってしまうなどの理由から、本来ページ内に収まっていた文字が、印刷されると収まりきらなくなるなどの問題が発生することがありました。Open-Typeフォントの登場により、そのような事故は減っているように思われます。

さらに、ＤＴＰソフトのIndesignの登場により、ＰＤＦへの書き出しがより容易になり、印刷所へはＰＤＦで入稿する機会が増えつつあります。ＰＤＦ化が進んだことにより、コンテンツの二次使用、三次使用がより容易になったり、ＤＴＰ用でなくとも、通常のパソコンでも閲覧でき、出力や校正も簡単になりました。

ＤＴＰの技術は一般の人が手を出すには、まだまだハードルは高いように思われますが、少しずつ使いやすくなってきているのは間違いありません。

その他にも、デジタルカメラで撮影された実データをＤＴＰソフトに貼り付けて印刷する機会が増えていますが、色彩の表現エリアの広いＲＧＢのデジカメの画像から、狭い印刷用のＣＭＹＫへとデータ形式を変換して、画像データは貼り付けられます。つまり、印刷は画面で見た色を表現しきれないわけですから、画面で見た画像データとは、ほど遠い色で出力されてくることがあります。

これは、モニターの設定を変え、画面上で見ているものをより印刷物に近づけておくことで、事故を未然に防ぐことができます。

また、モアレと呼ばれる画像全体が波打ったような障害が発生することもありますので、十分なチェックが必要です。

チェックを重ねた上で、一〜二日のうちに印刷所へと返却することとなります。そして、その数日後には刷り取り見本が届きます。刷り取り見本とは、実際の印刷物の一部を抜き取って、正確に印刷されているかを確認するものです。

基本的にはここで間違いが発見されるようでは問題です。刷り取り見本が手元に届いた時点では印刷は終わってしまっているため、修正が必要な箇所はすべて破棄され、再度刷り直す必要があるからです。

しかも、印刷は大きな用紙で印刷されているために、たとえ一文字修正するにしても、印刷用紙一枚に割り付けられる一六ページ分はすべて刷り直すことになります。そのための費用は、原因が印刷会社によるものか、出版社によるものかで負担する先が変わりますが、いずれにしても大きなコストアップにつながります。色校正、白焼き校正の段階ですべての間違いをつぶしておく必要があります。

万が一間違いが見つかったとしたら、製本前に刷り直すことはできますが、この刷り取り見本のチェックを怠ると、製本作業まで終えた後に修正することになります。そこからの修正は完全に不可能と言えますし、それでも刷り直すとすれば、印刷を二回するのと変わりません。ですから色校正、白焼き校正、刷り取り見本の校正は慎重を期す必要があります。

これらすべての工程を無事に終了すれば、念願の書籍ができあがってきます。

第五章　出版流通のしくみ

特殊な制度に支えられた出版流通

パソコンの普及により、本の制作部分については一般の人にも理解するのは難しいことではなくなってきています。場合によっては印刷会社のホームページからワードやエクセルで作成したデータを入稿するだけで、その原稿が書籍になって手元に届く世の中となりました。

しかし、書籍流通の世界はいまだにクローズドの世界で、誰にでも参入が許されている訳ではありません。

実際に書籍の流通に携わっているのは出版社と取次と書店のみです。本章ではその三社が果たしている役割や、現状を交えながら書籍の流通システムについて説明していきます。

再販売価格維持制度

「書籍流通はわかりにくい」という声をよく耳にします。実際に出版社の人間であっても、販売部員、営業部員以外で流通をすべて理解している人は少ないでしょう。一体何がそうさせているのでしょう。それは再販売価格維持制度（再販制度）にあります。

再販売価格維持とは、メーカーが小売業者に対し、小売価格の変更を認めず、定価で販売させることを義務づけることです。

本来、この制度の下では流通段階の自由な競争が阻害され、需要と供給のバランスに基づいて価格が自由に設定されず、消費者の利益が損なわれてしまいます。そのため、資本主義体制の下では独占禁止法などで禁止されています。日本でも、独占禁止法の第二条九項で不公正な取引方法として原則禁止しています。

ただし、著作物（書籍、雑誌、新聞、音楽ＣＤ、音楽用レコード、音楽テープの六種類）や公正取引委員会の指定を受けた商品などは例外として制度の適用が認められています。

出版社にとっては、定価販売が維持継続されているために、卸価格も当然維持されることとなり、価格下落の圧力にさらされることはなく、安定的に収入を得ることができます。

また書店にとっても、最低利潤が保証され、値引き合戦による過当競争を回避できるというメリットがあります。

しかし、消費者にとっては、自由な価格競争の下で提供される商品に比べ、高い価格で商品を購入しなくてはなりません。逆に小売店が価格を自由に設定できないことから、出版社が設定した定価が高すぎる場合には、その書籍を置くことを控えることになります。

本来なら売れ残った書籍を値引きして販売してしまった方が、書店にとっても売り上げにつながるかもしれませんが、この制度の下では、取次を通して出版社に返本しなくてはならないのです。つまり、再販制度は出版業界にとって諸刃の剣だと言えます。

ちなみに公正取引委員会は二〇〇一年に再販制度は競争政策の観点からは廃止すべきだが当面は存置する、と基本的には廃止の方向に進めるという意思を表明しています。一方、電子書籍については「非再販」と判断しています。その理由として、制度の対象は「物」だが、電子書籍は「情報」だからだとの見解を示しています。いずれにせよ、日本が資本主義社会であり続ける限りは、再販制度は廃止の方向に向かわざるを得ないものと考えられます。

責任販売制度

再販制度は出版業界にとって諸刃の剣だということは前項で述べた通りです。書店は書籍を定価でしか販売できません。顧客が「もう少し安く売ってくれたら買うのに」と望んだとしても、値引きをせず、売れ残ったら取次経由で出版社に返本するしかありません。

実は出版社と書店が、悪く言えばこの制度を悪用している側面があるのです。売り上げが低迷している出版社は、新刊点数や配本部数を増やすことで売り上げの下落を補おうとします。そのため増え続ける新刊本が売り場を奪い合い、かえって陳列期間は短くなり、読者の目に触れないまま返品され、返品率を上げる要因となっているのです。

その一方で書店は顧客が求める書籍の在庫を切らしたくないという、強迫観念に近い感情を持っています。必要以上の冊数を手元に置いておき、売れ残ったら返本すれば良い訳ですから、返本率が高くなるのは当然です。

第三章で述べた通り書籍の返本率は四〇％前後を推移していて、出版業界の疲弊の原因となっています。

そこで昨今、盛んに再販制度自体の見直しが叫ばれるようになっています。

再販制度に代わる第一の候補が「責任販売制」です。

書店は仕入れた商品を責任を持って販売し、出版社は書店からの注文通り本を生産、出荷します。

書店に仕入れの裁量権が委ねられる一方、返本となった場合、出版社は定価の三〜四割でしか引き取らないという仕組みです。その代わりに、書店の受け取るマージンはこれまでの一・五倍にあたる三五％となります。

現在書籍の配本は、取次がどの書店にどれだけ配本するかを決定する委託販売という方法がとられています。返本率を抑えることが至上命題とも言える取次は、大都市の大型書店にのみ商品を集中的に配本し、流通量の少ない地方書店へは流通量を抑えるため、商品が常に不足していて、販売機会を失うことが多いのです。

責任販売制度により書店は売る努力をすることになりますし、出版社は企画を絞り込んで、売れる本しか出版しなくなります。返品率が低下し、流通コストは削減され、利益率が上がるとともに、販売機会の損失も減少すると考えられています。実際に大手出版社ではこの制度を取り入れた形で販売する書籍も出てきており、成果が報告されています。小学館はこれを「計画販売制」と呼んでいますが、二〇〇八年に刊行された『ホームメディカ新版　家庭医学大辞典』以降、『世界大地図』『ふしぎの図鑑』といった比較的定価の高い書籍を中心にこの制度を本格的に導入しました。また、講談社、筑摩書房、主婦の友社、ポプラ社なども責任販売制により書籍を販売するようになりました。

このように導入事例は増えてきていますが、その際の返品の条件などが書籍ごとに異なるのが現状です。書店にとっては、これまで売れ残った書籍は無料で出版社に返本していたものを、責任販売制度の下では、定価の三〜四割を負担しなければなりません。懸念されるのは、店頭に置く書籍が確実に売れるベストセラー作品だけとなる可能性があるばかりか、売れ残った場合、支払い能力が求められるため、営業停止に追い込まれる可能性もあります。そのため、一定の期間を過ぎた書籍については書店側が定価を自由に設定できる「時限再販制度」を併用するケースも出てきています。

また、出版社側の最大の懸念は、販促力のない中小零細の出版社の出版物が、書店から消える可能性があることです。場合によっては、大手数百社に絞られてしまう可能性もありますが、業界としては企画ごとに販売制度を選択する方向へ進んでいるため、一気に制度が入れ替わることはなさそうです。消費者・書店・取次・出版社の四者にとって最適な形を探りながら、制度が少しずつ整備されていくことでしょう。

出版流通を司る組織①「出版社」

出版流通を司る組織として川上にいるのが出版社です。大きな括りで言えば、出版社とは書籍や雑誌を発行する組織です。ただし出版社には大きく分けて二種類あります。取次との取引口座を持つ出版社と持たない出版社です。

通常は取引口座を持つ出版社のことを出版社と呼びます。二〇一五年時点で全国に約三四〇〇社が存在し、その内八割が東京に集中していると言われています。ただし口座はあるが、実質休眠状態の出版社もあり、稼働している出版社の数は正確には把握できません。

ちなみに上位三〇〇社の売り上げが業界全体の八割を占有しており、圧倒的多数の中小零細出版社の売り上げはごく僅かというのが実態です。

口座を持つ出版社

取次口座を取得している出版社には取引コードが与えられます。ちなみに本書の発行元である出版文化社の取引コードは三六六五です。これはＩＳＢＮコードとは異なります。ＩＳＢＮコードとは国際標準図書番号のことで、書籍を識別するためのコードです。実は誰でもこのＩＳＢＮコードを取得することができます。ただし、ＩＳＢＮコードを取得していたとしても、書店に流通させることができる訳ではありません。ＩＳＢＮコードは書店流通のための必要条件ではありますが、十分条件ではないのです。

繰り返しますが、書店流通の要は取次口座です。

口座を持たない出版社

それから取次口座を持たない出版社ですが、書店への流通ができないわけですから、基本的には出版社とは認めてもらえることはありません。しかし、矛盾しているかもしれませんが、パソコンがあって印刷所との取引があれば、誰でもいますぐに出版社を名乗ることはできます。

口座を持たない出版社が書店流通させる四つの方法

しかし、取次との取引口座を持たない出版社が、全く書店流通ができないかというとそういう訳ではありません。口座を持たない出版社が、書店へ書籍を流通させる方法は三つあります。

一つ目は正式に取次から口座を取得する方法です。ただし、その取得は困難を極めます。ある出版社では、取次の口座を持つ販売代行業者に販売を委託しながら、実績を積み重ね、取次に認められて正式に口座を取得するまでに七年かかったそうです。

それでもまだかつては、比較的簡単に新規口座を取得できたようですが、現在は、新規口座を取得することは難しいと言われています。ある大手取次では、一年間、新規の口座開設を一社も認めなかったという話もあるぐらいです。

二つ目は、倒産しかかっている出版社を買い取るというものです。口座だけの売買は認められていませんので、会社ごと買い取る必要があります。ただ、厄介なのは倒産しかかった出版社というところです。実際に倒産してしまうと、いずれの取次も口座を閉じてしまいます。口座を閉鎖された出版社は単なる箱に過ぎません。

しかも、中小零細であっても、経営が健全で口座を持っている出版社の売買には最低限一〇〇〇万円程度はかかると言われていて、かなり高価な買い物と言えるでしょう。しかも、債務がほぼ確実についてきますので、これもリスクがあります。

そして三つ目はと言うと、取次口座を持つ販売代行業者に流通を任せるという方法です。多くの出版社は商業出版やタイアップ出版をする傍ら、発行人の権利を譲渡し、流通（販売）を代行するサービスを提供することがあります。これを口座貸しとも言います。

ただし、多くの出版社は自社ブランドを汚す恐れがあるとして、あまり積極的には行っていません。おそらく商業出版並に口座貸しの許諾の水準を上げています。

新風舎がもたらした自費出版への逆風により、自費出版から流通（販売）代行サービスへと移行させている出版社もいくつかありますが、このサービスを利用すれば、自ら発行人を名乗ることができ、書店での売り上げを手にすることができるので、まさに出版社として書籍を発行しているのと変わりません。

四つ目に、取次を介さず書店と直接取引をする方法があります。出版社にとって納品や集金など煩雑な作業が増えるものの、取次のマージンを引かれないので、良い条件で卸せます。また、納品や集金を代わりに請け負う、トランスビューなどの取引代行会社もあります。

なお第六章で、もっとも簡単に発行元になる方法を詳しく説明しています。

出版流通を司る組織②「取次」

出版流通において、認知度が一番低いのがこの取次です。あまり知られてはいませんが、取次が出版流通の要所を握っているといって間違いではありません。

世間ではあまり知られていないとはいえ、トーハンとか日販という名前は、誰もが一度や二度は聞いたことがあるのではないでしょうか。

ひょうたん型流通

よく出版業界は「ひょうたん型」と表現されます。それは前述の通り、出版社が約三七〇〇社、書店が一万四七〇〇店と言われる中、間を取り持つ取次が二一社しかないためです。

実は、ひょうたんどころか、「砂時計型」とも呼べる時代がありました。一九四一年、それまで全国に二四〇社あった中小の取次が統合され、日本出版配給（日配）が誕生しました。同社は政府の統制下におかれ、出版物はすべて検閲されることになりました。さらに奥付には配給元として日配の名と、出版社の住所を明記しなければ配本しないと定められました。治安維持法における言論統制は、同社がその一翼を担っていた訳です。まさに砂時計です。

終戦後、ＧＨＱが行った民主政策の中で、言論統制の旗頭の日配は、閉鎖指定を受け活動を停止することになりました。停止後、日配を母体として新たに九社の取次が誕生しました。そのうち現在も残るのはトーハン、日本出版販売、大阪屋栗田、中央社の四社だけとなりました。

もちろんいまは検閲はなくなりましたし、奥付に取次名を記載する義務もありません。しかし、ひょうたん型が解消された訳ではなく、実際に取次との取引口座を持たない限りは、書店に書籍を流通させることはできません。

何より、新規の口座開設はほとんど認められていません。ある意味出版社を作らせないことで、言論統制をしているといっても過言ではない状態が続いています。

現在、日本出版取次協会の会員として登録されている取次は全国に二一社ありますそのうち一七社が東京に集中し、あとは大阪、神戸、高松、福岡に各一社となっています。この数字を見るだけでもいかに出版が東京に集中しているかがうかがえます。

取次の業務

ところで、取次はどのような役目を担っているのでしょう。一口に言えば流通です。出版社と書店との間に立ち、一日平均約二〇〇冊の新刊委託登録を出版社から受け付け、それぞれ独自のデータに基づき書店に配本しています。

出版社が取次に配本を委託することから「委託配本」と言い、現在の出版業界の主流となっています。つまり、いくら出版社が五〇〇〇冊、一万冊の配本を望んだとしても、取次が一〇〇〇冊、二〇〇〇冊と言えばそれに従わざるを得ないのです。それがひょうたん型たる所以です。

仕入れの実態

本来、取次を介さずには書店に配本することはできませんので、取次は書店に対して適正量を配本する義務があります。配本数が少なければ、販売機会を喪失することになりますし、多すぎると大量の返本につながります。

　ですから取次は、著者、定価、装丁、内容、過去の類似書籍の実績、出版社の営業、広告戦略などを勘案し、適正量を割り出し、新刊登録を受け付けた翌日には配本部数を決定します。

　これはあくまでも私見ですが、取次各社の昨今の配本状況を俯瞰すると、適正配本を無視し、明らかに返本率の圧縮のために、配本部数を縮小しようとしています。二〇一〇年の年初には、前年の相場を一律三〇％削減されているという噂が立つぐらいでした。大手取次にとっては、一％返本率が上昇すれば、営業利益が八億円も下落すると言われているため、彼等にとっては当然の行為と言えます。

　しかし、同時にそれは中小出版社にとっては死活問題となります。ただでさえ大手出版社に比べ正味（出版社が手にする売り上げの割合）が低い上に、委託配本には歩戻しという制度があり、新規参入の出版社は、売れる売れないにかかわらず、定価の五％にあたる金額を配本部数分だけ取次に支払わなければなりません。その上配本部数が減らされたら、完売しても採算に合わないということすらあり得るのです。

そのような事態を回避するために、多くの中小出版社は書店から大量に注文をとり、その注文に基づいて配本を依頼する、つまり出版社が取次に配本を指定する「指定配本」の比率を高めるようになってきています。それがまた返本率の上昇を招くという悪循環を生んでいるのです。

その一方で、大手出版社は各書店ごとの売り上げデータを保有しており、それに基づく独自の配本パターンに従って取次に配本させています。それができるのは、大手出版社が取次の株主であるという側面もあるからです。

現状の配本方法を続けていたら、大手の出版社と大手の取次だけしか生き残れない恐れがあります。

配本の実態

また、取次は各書店に対しても、どれぐらい配本するかを決定します。その基準としては、書籍のジャンルや、書店の規模、客層、立地、過去の販売実績などによります。それらはすべてデータ化されているためにデータ配本と呼ばれることもあります。

しかし、仕入れ部数同様、配本部数もデータよりも、返本率を下げることが最優先にされている傾向が強く、地方の小さな書店に対しては、新刊本はほとんど配本されていないという弊害が生まれています。「どうせ売れないのだから」という声が聞こえてきそうな程です。二〇一三年のミリオンセラー、村上春樹氏の『色彩を持たない多崎つくると、彼の巡礼の年』の新刊配本がまさにその一例です。都市部の書店が発売初日に数百冊を売り切る一方、配本ゼロの憂き目に会った地方書店はせっかくの販売機会を棒に振るという事実もあったようです。

確かに、書店には入荷した書籍をすべて売らなければいけないといった責任は全く課せられていません。そのような無責任な体質のままの書店の言う通りに配本していたら、返本率が低くなるわけがありません。だからといって返品される恐れのない、客注品（お客さんからのオーダー品）ですら入ってこない小規模の書店もあるぐらいですから、流通業者の義務を果たしているとは言い難いと言えます。

今後、再販制度も含めた出版流通全体の見直しに、出版業界の浮沈がかかっていると言っても過言ではありません。

出版流通を司る組織③「書店」

店舗数の減少

出版業界の置かれた状況を把握するには、書店の現状を知らなければなりません。書店の店舗数は全国で約八〇〇〇店と言われています。しかし、アマゾンなどのネット書店とコンビニエンスストアの台頭、ナショナルチェーンのような大型店の出店、電子書籍の普及などにより毎年五〇〇を超える店舗が閉店に追い込まれています。

今後は、品揃えが豊富な大型店か、他店にない品揃えを誇る専門店でもない限り、書店が生き残る術はなくなるでしょう。おそらく一番経営が厳しくなるのは、品揃え豊富な大型店をまねた小規模の書店ではないでしょうか。

東京都江戸川区にある「読書のすすめ」という書店の清水店長は、毎日一〇冊以上の本を読み、人生の様々な悩みに応える書籍を推薦するという、他店にはないサービスを提供し、生き延びる術を獲得しています。

ところが昨今の書店には、そういった労力を支える体力がなく、大半が人件費の安いアルバイト店員が棚の管理をしていますから、「読書のすすめ」のようなサービスを提供することは困難です。

さらに電子書籍が普及しつつある中で、差別化できるサービスを見つけるのはここ一、二年が勝負かもしれません。それほど書店業界は厳しい現実に直面しているのです。

読者の目的にマッチしているか

世界中でサービスにスピードが求められると同時に、目的にマッチしたものしか利用されなくなっています。書籍においても、読者は目的買いの傾向が強くなってきています。

インターネットでキーワード検索をすると、必要な情報が掲載されている書籍がすぐに見つかります。仮に、一発で目的にマッチする書籍が見つからなくても、別のキーワードで再検索をすれば、よりマッチする書籍を見つけることができるでしょう。

ところが書店はどうでしょう。書店に行くために町まで出かけなくてはなりません。最近では町の小さな書店が閉鎖に追い込まれていますので、場合によっては隣の大きな町まで出かける必要も出てきます。

わざわざ遠出をして、たどり着いた書店が一〇〇〇坪を超えるような規模で、在庫を大量に抱えているようなら、目的の本を見つけることができるかもしれません。しかし、町の書店は五〇坪以下ということもざらです。おそらく、そのような小さな書店では、目的の書籍が見つかることは難しいでしょう。

わざわざ遠出をして目的を果たさずに帰るわけにもいかず、目的の本を注文して取り寄せてもらうにしても、取次を通じて出版社から書籍が届くのは早くて一週間後です。

一週間待たされた挙げ句に、本を受け取るために、再び遠出をしなくてはなりません。注文と受け取りのためにかかる時間と労力を考えると書籍一冊の比ではなくなっているはずです。

もしインターネットで注文していれば、書店で取り寄せた本を受け取る頃には読み終わっていたかもしれません。ですから、どんなに書店ががんばって目的買いの読者を獲得しようと試みても、インターネットには敵いません。中小書店が読者を獲得するには何か別の道を模索すべきでしょう。

衝動買いの要望に応える

それでは書店に生き残る道は全くないのかと言われれば、そんなことはありません。それは衝動買いの読者がいるからです。インターネットでもアマゾンのランキングを見ながら、興味をそそりそうな書籍を探す人は大勢います。書店にも特定のこの本を買うという明確な目的は持たず、読みたくなるような書籍を探すためだけにぶらぶらしている読者も確実にいます。

そういう人に本を買わせるには、ただたくさんの書籍を並べておけば良いというものではありません。衝動買いをさせるための工夫が必要なのです。いま一番売れているのはこの本、店長一押しはこれ、癒されたい人にはこの本、仕事に行き詰まっている人はこれ、といった具合に、口説き文句を用意してその気にさせる努力が必要です。

特に世間で評判のものを、いかに演出し、大勢の人に買わせるかが勝負となります。それが、中小書店の生き残る唯一の方法と言われています。

数年先には取次も出版社も現在の数を維持しているとは思えません。書店がどこまで生き延びるかは、出版業界が生き残るための試金石とも言えます。

チェーン店

書店にはいくつかの種類があります。まずはチェーン店。チェーン店の中にも、全国展開しているナショナルチェーンと、地域に根ざしたチェーン店がありま す。前者は紀伊國屋書店、丸善ジュンク堂書店、八重洲ブックセンター、ブックファースト、未来屋書店、三省堂書店、リブロなど、後者は、明屋書店、宮脇書店、ワンダーグー、有隣堂などです。

ナショナルチェーンは、大規模店を多数抱えなくてはならず、莫大な投資が必要となるため、昨今、経営状態の悪化が見られます。その結果、業界大手が手を組んだ再編が進んでいます。その一例として丸善とジュンク堂は大日本印刷の傘下となりました。さらに、丸善と新たにグループに加わった図書館流通センターが、二〇一〇年二月に大日本印刷の子会社となる事業持株会社「CHIグループ」(二〇一二年に「丸善CHIホールディングス」と社名変更)を立ち上げ経営統合を果たしました。二〇一一年にはジュンク堂書店をはじめとする五社が加わりました。これが先駆けとなり、今後も同様の再編が十分に予想されます。

複合型書店

カルチャー・コンビニエンス・クラブが展開するTSUTAYAが複合型書店の代表格です。書籍の売り上げの下落傾向が続く中、複合型書店へ積極展開を見せる書店が増えています。

郊外型書店

三洋堂書店が田んぼのど真ん中で店舗を展開したのが最初だと言われています。それまでの常識を覆すような思い切った投資が、車で立ち寄れる書店として顧客のハートを掴み、地方で急速に広がっています。

ただし、テナントとして店舗を展開するのに比べ、投資額が大きくなるという欠点もあります。

専門店

芸術、建築、医学書、宗教、自然科学など、特定の分野に特化した書籍を扱う書店もあります。今後デジタル化が進むことにより、中小書店は他店にはない専門性で生き延びるしかないという考え方もあります。

書店員の仕事

書店員の仕事は、レジで接客しているだけのように映りますが、実のところその内容は非常に多岐にわたります。

まずは検品・分類から始まります。年間約七万五〇〇〇点の新刊が誕生するわけですから、扱う品数は他の業界の比ではありません。書籍の種類も冊数も多く、誤まって配送されることも少なくありません。

検品が終わると、次は商品の陳列です。一日あたり二〇〇冊以上の出版物が新たに登録されます。どの書店もスペースを作るのに必死なため、売れた実績がない書籍は次々と返本されます。場合によっては、書店員の意思とは関係なく配本されてくる委託品などは、店頭に並ぶことさえなくストックヤードから直接返本されてくる可能性もあります。そう考えると陳列とほぼ同じぐらいの手間をかけて返本作業を行っていると言えます。

続いて発注業務があります。陳列棚での展開を考えて補充注文をしたり、顧客からの注文に応じて客注品の発注などを行います。ファックスや電話で取次や出版社に発注します。

その他にも学校や大学、自治体などの職域販売を受け持つ外商も、書店にとっては重要な業務となっています。

ウェブ書店

ウェブ書店の最有力はもちろんアマゾンでしょう。アマゾン・ジャパンは二〇〇〇年一一月にサービスを開始しました。扱っている商材は多数ありますが、中でも書籍の売り上げは、この一〇年間常に二桁以上の成長を続けていると言われています。

アマゾンは実店舗を持たないため、巨大倉庫に大量の在庫を抱えることができます。書店の在庫は坪当たり五〇〇冊と言われます。最大級の書店でも一五〇〇坪程度ですから、仮にすべて一冊ずつ在庫していたとしても七五万種類がせいぜいです。

しかし、アマゾンの品揃えは五〇〇〇万種類を超えると言われています。これはどのリアル書店も太刀打ちできる数字ではありません。

また、ネット接続が可能な環境であれば二十四時間いつでも購入することができます。しかもアマゾンに在庫さえあれば注文した書籍は二十四時間以内に配達され、通常、配送料はかかりません。

ヤフーやグーグルで知りたい情報を検索するだけで、アマゾンで販売されているそれに関連する書籍が上位に表示されるため、ほんの数秒で目的の書籍を見つけることができます。

こんなメリットだらけのウェブ書店ですから、売り上げ規模が拡大し続けているのも頷けます。

ちなみに、アマゾンの二〇一一年の書籍の売り上げは通販新聞社によると一九二〇億円と推定されています。同年の書籍の市場規模は約八二〇〇億円ですから、既に二四％弱にまで成長し、リアル書店トップの紀伊國屋の売り上げを上回り、ついに売り上げ日本一の書店となりました。

今後もこの傾向はさらに強まり、リアル書店が減少する最大の要因となり続けることは間違いないでしょう。

書店以外の直販

ウェブ書店は別として、書店での売り上げは今後拡大することは考えにくいでしょう。出版社も書店だけの売り上げだけでは生き延びることが難しくなることは目に見えています。そうならないためには、書店以外に販売先を求める必要があります。図書館や生協などは一つの例ですが、一般企業や団体など、それぞれの書籍にあった売り先があります。売り上げを確保し、利益を上げるために、今後は直販が不可欠と言えます。

第六章　出版社の創り方

日本には出版する自由がないのか

この章では、通常は難しい出版社の立ち上げを、誰もが容易にできる方法について説明しましょう。

自らが出版社を名乗る限りは、書店で本を売らなくては意味がありません。書店で本を売るためには、取次口座が必要となります。もちろん取次口座がなくても、一店一店直接書店に出向いて営業をして注文をとるという方法もあります。実際に取次には依存せず、この方法で成功を収めた出版社もあります。

しかし、それは現実的ではありません。一店舗ずつ営業に回っていたら、かかった営業費用を、書籍の売り上げだけで回収できるはずもありません。そう考えると、取次を通じた流通が、もっとも効率的であることは否めません。

それならば、取次に口座を申請して、真っ向勝負してみるのも良いでしょうが、申請者の要望が聞き入れられることはほとんどありません。閉鎖していく出版社が圧倒的に多い中で、新たに出版社を立ち上げても仕方がないと考えているのか、現状でも飽和状態にあるので減らしたいと判断してか、新規に口座が認められることはかなり稀です。

ただし、取次というのは日和見主義なところがあり、どこか取次の一社が口座を開設したとなると、ドミノ式に他の取次にも認められる傾向があります。しかし、その最初の一社に認められるまで、いかに実績を積んでいくかが、出版社を作る上で大きな課題であると言えます。

読者の皆さんの誰もが、日本では憲法により言論の自由が保障されている民主主義国家だと認識しているものと思います。確かに憲法第二一条では出版の自由が認められています。新聞であろうが、雑誌であろうが、書籍であろうが、印刷するところまでは簡単にできます。書店流通はせずに街中で手売りをするだけなら、明日からでも出版に取り掛かることはできます。

しかし、書店で本を売ろうと思ったら話は別です。どこかの出版社に企画を認めてもらい、著者として出版するか、大枚をはたいて自費出版で出版するか、自分で出版社を立ち上げ、発行元として出版するか、いずれかの方法しかないのです。

既に第三章で出版形態に関しての説明をしたように、著者として書籍を出版するには、その著者がよほどの著名人でもない限り、商業出版で企画が認められることはありません。九九％断られるものと考えておいた方が良いでしょう。編集者の重要な仕事として「断ること」が挙げられている程です。それでも出版を望むのであれば、自費出版を勧められるのが落ちです。つまり数百万円超の資金を費やすしか出版する方法はないと言えます。

それならばと一念発起して、取次口座の取得を考えても、前述の通り承認されることはほとんどありません。運良く潰れかけた出版社を買収できたとしても、一〇〇〇万円は下らないと言われる購入代金を支払い、投じた資金を書籍の売り上げで回収することができるかどうかは疑問です。

つまり、企画が認められて著者として出版するにも、出版社を設立するにも困難がついて回ると考えると、憲法上の出版の自由こそあれ、出版業界における「自由」はないも同然です。

自費出版の甘い罠

商業出版においては、出版の自由がないということは先に述べた通りです。そこで、現在の出版業界で認知されているもう一つの出版方法である自費出版の実態を詳しく説明しましょう。

出版社の多くは商業出版しかしていないと主張したがります。もしくは、自費出版専門の別会社を立ち上げるなどの工夫をしています。決して自費出版が悪い訳ではないのですが、倒産した新風舎をはじめ、自費出版専門のいくつかの出版社が訴訟などのトラブルを抱えているため、会社のブランドに傷がつくと考えているからでしょう。

名が通った出版社でも自費出版のサービスを提供していることはありますが、そのサービスを利用するには、ある程度まとまった金額を投じる必要があります。高いところでは一企画で約六〇〇万円を負担させる出版社もあるようです。

たった一冊の書籍にそこまで投資できる著者など、ほとんどいないはずです。

実際は、そこまで制作費がかさむようなことは、よほどのことがない限りあり得ません。多額の資金を投入できる人は、出版社の名前をお金で買っているようなものです。いわゆるブランド料が半分以上を占めているといって良いでしょう。

しかし、いくらお金をつぎ込んだところで、出版社には売ろうという意志はありません。なぜなら自費出版の本は元々売れないと思っている訳ですから、営業や販促には消極的です。どうせ返本になるのなら、全く販促をしない方が結果的に利益率は高くなるという訳です。

それでも、「書店に並べても全く売れませんよ」と言ってくれる出版社は良心的です。おそらくその先は「売れないから諦めた方が良い。どうしても出版したいなら、これだけの金額を負担できますか？」などと言って、諦めさせるための言葉を投げかけてくるからです。それでも出版するための費用を負担するのであれば、それはその人の責任です。

最悪なのは売れるはずがないと思っているにもかかわらず、「売れますよ」などという甘い言葉で著者にお金を出させようとする出版社です。自費出版がどうしても社会的な信頼を得られない理由は、そこにあります。

とはいえ、中には良心的な自費出版専門の出版社もあり、とりわけ印刷会社が提供している自費出版ならば五〇万円程度で出版することも可能です。しかし、印刷会社には流通機能がないため、書店流通を望む著者の本を引き受けた場合、付き合いのある出版社に、片っ端から書店流通をしてもらえないか掛け合うことになります。実際のところは、出版流通を請け負おうという出版社はなかなかありません。その結果、書籍は日の目を見ることなく、著者に納められて終わってしまうことが多いのです。

いずれにしても、自費出版であっても書店流通の主導権は出版社が握っており、大枚をはたいたにもかかわらず、何一つ著者に決定権がないという不合理がまかり通っているのです。著者にとっては百害あって一利なしという非常に不利な出版形態であることは間違いありません。

映画や音楽、テレビ業界にはプロデューサーがいます。プロデューサーの最大の役割は、スポンサーを募り、お金集めてくること、お金を管理することです。通常はお金を握っている人が一番偉く、監督やディレクターに命令することができる立場にあります。プロデューサーと監督の間で意見の相違がある場合には監督の首のすげ替えが行われます。アメリカの映画界ではよくある話です。

しかしなぜか日本の自費出版は、著者が費用を負担しているにもかかわらず、プロデューサーとしての役割を担える訳ではありません。映画で言うところの俳優に留まってしまっているのです。映画の世界で出演するためにお金を積む俳優などいません。経済の本質からも大幅に逸脱しているといって間違いありません。

自費出版にはこのような問題が存在し、日本における出版の自由を阻害している側面もあるのです。

ちなみにアメリカには本当の意味で出版の自由があります。本を出版したければ個人であっても出版社を名乗り、本を作り、手間のかかる流通部分だけ、流通専門の会社に依頼するというスタイルが浸透しています。取次との口座を持つ出版社にだけ出版の自由が与えられている日本とは大違いです。

あなたが書店に書籍を並べる方法

出版の自由がないからといって、悲観ばかりしていても仕方ありません。商業出版、自費出版以外にも方法はあります。簡単に言えば映画と同様にプロデュースするという方法です。

出版社任せにしていたら、いつまで経っても自分の好きなように出版などすることはできません。答えは簡単です。自ら出版社を名乗ってしまえば良いのです。

しかし、本一冊を出版するために、わざわざ会社を立ち上げて、法人登記して、取次と長期にわたって交渉し、口座を取得して、さらには在庫を管理し、取次への出庫を一冊から対応してくれる倉庫を手配して、などとやっていたのではいつまで経っても本は出せません。もちろん、そこまでの苦労をしてでも、どうしても自分の出版社を立ち上げたいというのであれば、可能性は〇％ではありません。ただ、そんな苦労をする必要はないのです。もっと簡単な方法はあります。

プロデューサーとして自分の理想とする書籍を出版する。つまり、唯一経済的で現実的なのは、出版口座を借りることです。第五章でも触れましたがここで詳しく説明しましょう。

販売代行（口座貸し）サービスとは

いわゆる販売代行と言われるこのサービスは、特定の出版社にしかできないというものではありません。取次との口座を持っていて、書店流通ができる出版社ならどこでも可能です。それは規模の大小を問いません。

印刷会社などに持ち込まれた企画の多くは、この販売代行という形態で書店流通を試みられることが多いと言えます。印刷会社で流通機能を有する会社は、ほぼ皆無だからです。流通だけは取次口座を持つ出版社に依存せざるを得ません。

これまで多くの出版社は、流通のみ請け負うことを嫌ってきました。なぜなら、ブランド力を守ることを優先してきたからです。ただ当社では、どのような書籍でも流通を請け負うことができます。旧態依然としたこの業界に本来の出版の自由を取り戻し、本を出版したいと望む人を応援しようと、数年前よりこのサービスを始めました。

商業出版・自費出版とこのサービスを利用した場合との違いを具体的に見てい

きましょう。

図Aは商業出版や自費出版などに見られる奥付の例です。図Bは裏表紙に記載されるISBNコードなどです。いずれも発行元と発売元が同一のため、発売元の記載がないのが特徴です。

それから裏表紙には必ず定価を明記しなくてはなりません。その表示方法は「本体＋税」という形式が義務づけられています。これを怠ると、刷り直しもしくは、シールによる修正を命じられます。

発行人は出版社の代表者であることが一般的です。基本的に発行日は自由に設定することができますが、奥付の発行日より後に取次に持ち込まれると、委託登録を拒否されることがあるので、気をつける必要があります。書籍にも鮮度がありますす。新しいものほど売れます。発行してから本を流通させたのでは、売れないというのが出版界の常識です。ですから、実際に取次に登録する期日の二〜三週間後に、奥付の発行日を設定するのが理想的と考えられます。ただし基本的には奥付は法律で義務づけられている訳ではなく慣例ですので、体裁に縛りはありません。

図A　商業出版、自費出版に見られる奥付

出版のすべてがわかる本

2017年7月10日　初版第1刷発行

著　　者　山田太郎
発 行 人　浅田厚志
発 行 所　株式会社出版文化社
〒101-0051 東京都千代田区神田神保町2-20-2
ワカヤギビル2F
電話:03(3264)8811　FAX:03(3264)8832
URL:http://www.shuppanbunka.com/
e-mail:book@shuppanbunka.com
印刷製本　株式会社大東京印刷

ISBN978-4-88338-100-3　C0000　定価（本体1,500円＋税）
©Taro Yamada 2017　Printed in Japan

発行元と発売元が同一のため発売元が省略されている

図B　商業出版、自費出版に見られる裏表紙のISBNコード

9784883381003
1920095015004

ISBN978-4-88338-100-3
C0000 ¥1500E
発行　出版文化社
定価(本体1,500円+税)

発行元の表示のみ

図Ｃは販売代行の奥付です。発行元と発売元が異なるところが特徴と言えます。図Ｄは販売代行の場合のＩＳＢＮコードなどです。やはり発行元と発売元が併記されています。

発行元と発売元が異なる場合、取次にはいずれの名称も、必ず明記するよう求められます。仮にあなたが発行元となった場合を想像してもらうと理解できると思いますが、口座を借りている発行元には受注機能がないため、書店や取次からのオーダーに応えることができません。そのため発売元の連絡先は必ず明記しなくてはなりません。

それ以外はすべて通常の商業出版と同じです。

ちなみに出版において発行元、発売元がそれぞれどのような役割を果たしているかというと、発売元は、基本的には本を売るためだけの組織です。それに対して発行元は、出版に関してすべての責任を負うものとされています。

野球の監督はチームの戦績に対しては責任がありますが、観客の入場者数や、営業実績には責任がありません。しかし、オーナーは、球団の経営に対しての責任を有します。だから戦績が悪ければ、戦力の補強もすれば、監督を交代させる

図C　販売代行に見られる奥付

出版のすべてがわかる本

2017年7月10日　初版第1刷発行

著　　者　山田太郎
発 行 人　浅田厚志
発 行 所　AAA出版
〒100-0000 東京都中央区銀座XXX

発 売 所　株式会社出版文化社
〒101-0051 東京都千代田区神田神保町2-20-2
ワカヤギビル2F
電話：03(3264)8811　FAX：03(3264)8832
URL：http://www.shuppanbunka.com/
e-mail：book@shuppanbunka.com

印刷製本　株式会社大東京印刷

ISBN978-4-88338-100-3　C0000　定価(本体1,500円＋税)
©Taro Yamada 2017　Printed in Japan

発行元と発売元が区別されているため、発売元も明記されている

図D　販売代行に見られる裏表紙のISBNコード

9784883381003

1920095015004

ISBN978-4-88338-100-3
C0000 ¥1500E

発行　AAA出版
発売　出版文化社
定価（本体1,500円＋税）

発売元も表示される

こともあります。簡単に言うと発行元は球団オーナーのようなものです。

一方、発売元が監督かというとそこまでの責任は与えられていません。発売元とは野球で言うとチケットの販売員程度の役割しかありません。あくまでも発行元の指示により、本を売るという役割を任されているに過ぎません。

ですから、出版において発行元は絶対的権力を持っていると言えます。

このように、発行元と発売元が異なることを明記してさえいれば、法人個人を問わず、しかも、実際に存在している組織かどうかの確認を受けることもなく、誰でも発行元になることができます。

もっとも、取次口座を持つ出版社が、販売の委託を受け入れてくれることが、この書籍流通のフローの大前提となりますが、当社はどのような書籍でも流通を請け負うことができます。つまり、どなたでも発行元になって、出版社として書籍を出版することができるのです。そうすることであなたが思う通りの書籍を出版して、あなたの思う通りの戦略で、販売することができるのです。

発行元として出版すること

　発行元になれば、何十社もの出版社に企画を採用してもらうよう頭を下げる必要もありませんし、リターンがほとんどないにもかかわらず、制作費ばかり負担させられることもありません。

　また、発行元になるということは、決定権を持つことができるというメリットもあります。どのような企画で、どのような書籍にするかを自分で決めることができます。さらにタ

あなたが発行元になったときの出版フロー

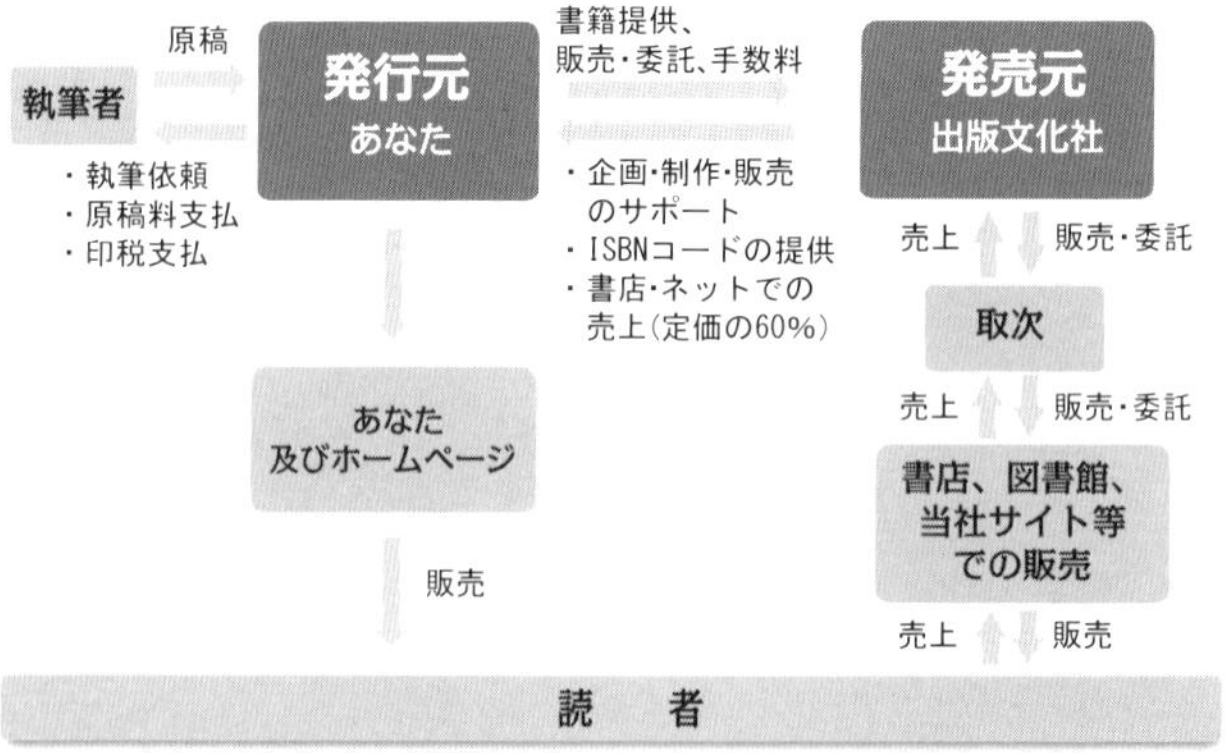

イトルや装丁デザイン、定価や発行部数、発行時期、営業方針・販促方針に至るまで、通常出版社が決定するありとあらゆることを自分で決定することができるのです。

最大の魅力は収入です。書籍の売り上げは、書店と取次が定価の三〜四割を手にします。発行元は残りの六〜七割のうち一割を著者に渡し、五〜六割を手にすることができるのです。もちろん自分で執筆していれば、原稿印税を支払う必要がありませんので、六〜七割を手にすることができます。

自らが望んだ通りの本を出版して、売り上げも手にすることができる。発行元にはこんな特権が与えられているのです。

もちろん、メリットだけではありません。プロデューサーになるということはあらゆるコストを負担しなくてはなりません。発行元になるということは出版社になったに等しい訳ですから当然です。つまり印刷、制作、営業、販売、販促などの費用は、すべて自分で負担しなくてはなりません。

しかも、お金をかけて本を作り、販促をしても、全く売れない可能性も十分にあります。それもすべて自らの責任です。さらに言えば定価一五〇〇円の書籍を一〇〇〇冊作って完売しても、すべての出費を回収できるほど、出版は甘くはありません。おそらく最低でも二〇〇〇〜三〇〇〇冊は完売しないと利益は出ないでしょう。

それでも、費用ばかり負担させられたにもかかわらず、著者印税として定価の一〇％しか手にできない自費出版と比べたら、発行元として売り上げの五〜六割以上を手にできる販売代行による出版は、大きな魅力があることは間違いありません。

この出版方法なら、誰でも簡単に発行元＝出版社を名乗ることができます。もし、それ以外に必要なものがあるとすれば、本を作りたいという熱意と企画力でしょう。

発行元が決定権を持つもの

企画方針	発行部数
内容構成	発行時期
タイトル	書店営業方針
装丁デザイン	販促方針
本文デザイン	宣伝方針
編集方針	増刷＆絶版
定価	印税率

発行元になるメリット

発行元になると、具体的には次のようなメリットがあると考えられます。

・発行元になれば、自由に企画を立て、自由に編集することができます。
・企画の採否でやきもきする必要はありません。必ず出版することができます。
・発行部数、定価、編集方針、タイトル、装丁デザイン、増刷部数、増刷時期、販促計画等、すべてを自らが決定できます。
・自費出版よりもかなり好条件で出版することができます。

商業出版、自費出版の場合の売り上げ取得比率

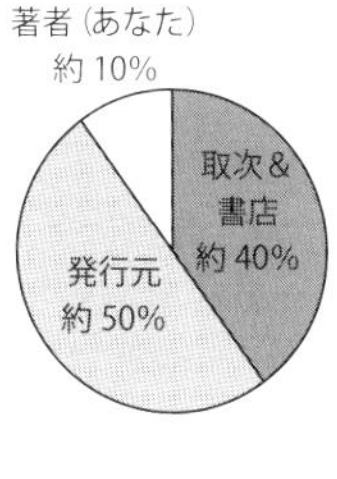

発行元となった場合の売り上げ取得比率

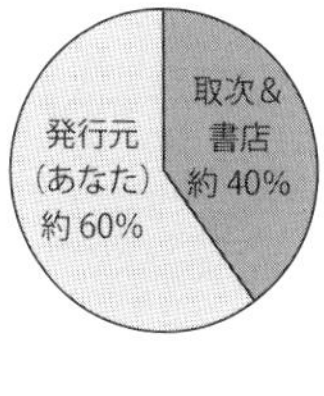

・印刷もすべて直接発注できますので、コストを圧縮できます。
・出版権を持つと、著作物の二次使用が自由にできます。
・iPadやスマートフォンなどのデジタルコンテンツへの配信が思いのままにできます。
・書籍を使い、発行元として自分の作品や会社などを低価格で宣伝、PRすることが可能になります。
・経営力、イメージアップに貢献します。
・会社で発行すれば、スタッフのモチベーションが向上します。
・クライアントの獲得につながります。
・講演、論文、研究成果の発表の場となります。
・セミナー講師などの要請が入り、副収入を得られる可能性もあります。
・所有するコンテンツの出版で、販売利益を上げることも可能となります。
・販売・流通・精算に関する煩雑な手続きはすべて発売元に任せられます。

実際にこの方法で実務書を出版し、成功した例を紹介します。

著者はコンサルタント会社で、書籍の販売で利益を上げることはもちろん、自社の知名度を上げ、クライアントを獲得することも目的の一つとしていました。

まず、内容の専門性の高さから定価はかなり高く設定しました。読者の目的にマッチしさえすれば、値段が高くても購入してもらえます。ですから、どうすれば書籍の内容と読書の目的が合致する人にピンポイントで書籍の存在を知ってもらえるかがこの書籍のカギとなります。そのためインターネットの検索結果に出るということを最重要課題としました。

タイトルは中身をストレートに表現し、この本の読者が検索するであろうキーワードをそのまま付けました。また、アマゾンの「なか見！検索」やグーグルブックスなどの立ち読み機能もフル活用しました。

その結果、アマゾンではほぼ毎週一〇冊以上の売り上げを記録するなど、予想を大きく上回り、さらには読者からその実務に関する問い合わせが多数舞い込んだそうです。

目的の一つであったクライアント獲得ができ、出版コストを大幅に上回るコンサルタントフィーを受け取るに至りました。

その著者は、この方法はかなり有効なPRツールだと認識し、同書籍をシリーズ化、さらなる事業拡大につなげています。

第七章　書籍を売るには

良い本でも黙っていては売れない

さて、ようやく理想の本が完成し流通させる方法がわかりました。次は販売・販促です。あなたが売れると信じて作った書籍ですから「売れないはずなどない」。そう言いたいところですが、世間はそんなに甘くありません。

初版をすべて書店に並べたとしても、それが数百冊だったならば読者にその存在すら知られないまま、埋もれてしまう可能性が十分にあります。そうならないためにはあなたの本の存在を知らせなくてはなりません。

まずは書店に大量に並べることが重要になります。多数の書店にその本が平積みで並べてあったとすれば、読者は売れている本なのかもしれないと勝手に勘違いしてくれます。しかし、書店に大量に本を並べるということは、大量に印刷する必要があり、大量の返本となる可能性もあります。売れる可能性も高まりますが、大失敗する恐れもそれ以上に高くなると言えます。

出版業界では、増刷はお札を刷っているのと同じだと言われています。売れればこんなにおいしい商売はありません。しかし、大量に印刷してある程度の冊数が売れたとしても、五割以上が返本になったら利益など出るはずがありません。そうです、『Santa Fe』のようにです。いかに返本を最小限にとどめ実売率を上げるか、それが勝負です。

それならばと、配本部数を極力抑え、実売率を上げるために販促コストをかけたとしたらどうでしょう。かけた分だけ採算ラインは上がってしまいます。一冊一〇〇〇円や二〇〇〇円の本を売るために、テレビコマーシャルなどしていたら、一万冊や二万冊売ったとしても採算はあうはずもありません。

だからといって申し訳程度に営業をして、すずめの涙程度に販促をするだけでは、やはり売れるはずなどありません。

これこそが、新刊本が毎日二〇〇冊ずつ登録される、日本の出版業界が抱えるジレンマと言えるでしょう。儲からないからこそ濡れ手で粟の大ヒットを目指し、新刊本を出版し続け、それがゆえに競争が激化し、書店に長期間置くことが難しくなり、売れる本だけが大量に並べられ、売れない本はすぐに返本されてしまうという悪循環を生み出しているのです。

出版ビジネスを長く続けようと思ったら、いかにお金をかけずに露出させるか、それに尽きると言えます。

出版社がやっている販促方法

それではどのようにしてコストをかけずに露出させれば良いのでしょう？　低コストの販促方法をいくつか紹介しましょう。

新聞広告

二〇〇八年のリーマンショック以降、新聞広告の料金が下がり続けています。需要が減り続けているからに違いありません。しかし、値段が下がっているということは、出版社にとっては販促ツールとして利用しやすくなってきているということでもあります。

特に新聞広告は出版社に対しては優遇しています。一面三八《さんやつ》と呼ばれる、一面の最下部の名刺大の広告は、出版社にしか掲載が許されていません。さらに、新聞中面の雑誌等がよく掲載されている大きな広告は、叩き売り状態と言って良いでしょう。

ただし、新聞にはそれぞれの性格があります。ビジネスマンに強い、主婦に強い、特定の地域に強いといったことです。いくら広告料金が安いからと言って手あたり次第に掲載していたのでは、出費がかさむばかりで効果は上がりません。主婦向けに作った書籍の広告を日経新聞に掲載しても反響は期待できません。

また、個人が一面三八に広告を掲載したいと言っても受け付けてはもらえません。一方、販売代行サービスを利用して発行人になっていれば、発売元経由で広告掲載は必ず認められますし、格安で利用することができます。また、広告を掲載すれば露出機会が増え、発行元や著者としての知名度は上がります。

ウェブ広告

昨今、あらゆる広告がデフレ現象を起こしている中、多少陰りは見えつつあるものの依然として、ウェブ広告の市場規模だけは拡大を続けています。出版社がもっとも活用しているポピュラーな広告は検索連動型広告です。

その他メディアの広告に比べて、効果が可視化されていて、グロスの広告料金もワンクリックあたりの料金も自分で設定できるという、画期的な広告です。

他にもインターネットニュースに、商品に関連した記事がアップされた時に、連動して広告が掲示されるコンテンツ連動型広告なども利用が広がっています。

また、アマゾンのサイト内で広告を出すのも有効な手段と言えます。紀伊國屋書店を超える日本最大の書店となっており、本の購入を考えている人に直接訴えかけることが可能です。ただし、アマゾンの顧客は目的買いが多いので、広告にかけた費用の元がとれるかどうかは難しいところです。

ウェブの世界では、お金を出して販促をすること自体が、早くも近い将来縮小していくという予想も出ています。

それらの広告に代わって、ここ数年でウェブを使った販促の手段として飛躍的に伸びているのが、Facebook や Twitter などのソーシャルネットワークを使った口コミ戦略です。

数年前から有名ブロガーが書評を紹介すると書籍が飛ぶように売れるという現象が起こっています。いまもその勢いは変わっていません。彼らに献本して書評を書いてもらうなどの販促方法もあるでしょう。

また、Twitterで著者や編集者が書籍に関する情報をつぶやいたりするようにもなりました。自らがかかわった書籍に対するコメントをつぶやく人をリツイートするなどして、より多くの人の目に触れさせるよう活用しています。いまやTwitterで大統領が誕生してしまう時代ですから、うまく口コミを活用すれば、メガヒットを生むことも不可能ではないかもしれません。

お金をかけずに認知度を上げなくてはならない出版社にとっては、理想の販促方法ですから使わない手はありません。

パブリシティ

デジタル化が進行し、メディアは様々な形態に変貌を遂げていますが、販促の主流は変わっていません。それは、テレビ番組内で書籍が取り上げられたり、新聞や雑誌などに書評が掲載されるといった「パブリシティ」です。有料の場合もありますが、通常は無料です。

しかし無料だからといって侮るなかれ。複数の広告よりもむしろ一つの書評の方がよっぽど売り上げに貢献することがあります。

理想を言えば各メディアに新刊を持ち込んで、取り上げてもらうよう地道に売り込むことでしょう。しかし、ほとんどの場合、そこまでの時間と手間をかけられません。そんな場合は新刊にニュースリリースを添付して送付するという方法もあります。

ただし、訪問するのと大きく違うのは、リリースの配信となると同じようなことを考える出版社は星の数ほどあるということです。それは書店における書籍の状況と違いはありません。紹介されるのを待ち望む、その他多くの書籍の中に埋もれてしまう可能性が高いのは間違いありません。

埋もれないために、どのようにニュースリリースを作成し、他書との差別化を図り、無料で掲載してもらうかについては、たくさんの解説書が出ていますので、そちらを参考にされると良いでしょう。

ただ言えるのは、リリースの読み手はただでさえ忙しいマスコミの人間なので、じっくり腰を据えて長文に目を通すとは考えにくいです。そのため情報は最小限に抑えて、この本を取り上げることが、彼等にどんなメリットをもたらすか、それだけをシンプルに綴っておくのが良いでしょう。

ポップ（point of purchase）

出版業界で長らく使われている販促方法です。もちろん出版業界に限ったことではありません。小売店でポップを利用していない方が少ないはずです。

ただ、書店では平積み、面陳の書籍にはポップは利用されますが、棚差しの場合にはまず利用されることはありません。もちろん平積みや面陳されていても、書店によっては、もしくは棚の担当によってはポップを使わない場合もあります。

逆に書店員自らがポップ作成するほど、積極的に利用している書店もあります。ポップを利用するのもしないのも、書店員次第だと言えます。ただし、出版社としてできることは、利用してもらえるかわかりませんが、新刊にポップをつけて送付することです。

書店ディスプレイ

書店ディスプレイは店舗によって様々です。ポスターを貼るスペースを提供している書店はかなりたくさんあります。それを有料としているケースもあれば、無料のお店もあります。さらにはショーケースを提供している店もありますし、メインエントランスに大型のアーチのパネルを設置できる店もあります。

それを利用するかどうかは、その書籍がどれぐらいの販促予算を持っているかによります。ポスターやパネルを作成する費用を考えると、首都圏の主要書店一〇〇店で大規模に展開するだけでも数百万円近くかかりますので慎重に判断する必要があります。

書店営業

書店営業は、厳密に言うと販促ではなく、営業・販売にあたりますが、書籍の売れ行きを大きく左右する存在であることは間違いありません。

理想的な書店営業とは、通常書店に足しげく通い詰め、書店員との人間関係を構築し、この営業の頼みなら良い場所に置いてあげようと思ってもらうことです。ベテランともなると、棚の下のストックなどから、自社の書籍を勝手に補充する人などもいます。場合によっては他社の商品を端に追いやりながら、自社の書籍の陳列スペースの確保をする人もいます。

ただし、営業熱心がゆえに根拠もなく大量の書籍を入れてしまうのは、高い返本率につながる可能性があります。決して無理は禁物ですが、良い場所に平積みにされているのと、ひっそりと店の奥で棚差しにされるのとでは、売れ行きが異なるのは明らかです。そういう意味では、ろくに販売の現場に足を運ばずに、配本できたと喜んでいるだけなら、逆に大きなリスクを抱え込んだと思うべきでしょう。

サイン会

皆さんもワイドショーなどで、大手書店の店頭で芸能人が書籍の発売記念のサイン会を行い、長蛇の列ができている光景をよく目にすることでしょう。

サイン会を開催するにはいくつもの条件をクリアしなくてはなりません。なぜなら書籍の話題性だけで集客するのは非常に困難だからです。となれば、著者の名前に依存せざるを得ません。つまり、名前のない人では難しいということです。

それから、どんなに有名な著者であっても、サイン会単体では販促効果は低いと言わざるを得ません。せいぜいその書店のその日の売り上げが、数百冊伸びる程度です。サイン会を開催するにはあらかじめプレスリリースなどで告知し、当日メディアに取材してもらうよう働きかけなくては意味がありません。取材に足を運んでもらうためにも、やはり著者が有名であることが望ましいと言えます。

サイン会開催の条件をクリアするのは難しいですが、すべてがうまく運べば、大きな販促効果につながることは間違いありません。

アマゾンの「なか見！検索」とグーグルのブックス検索

多くの出版社は、この販促方法にあまり積極的ではないと言えます。簡単に言うとウェブ上での立ち読みにあたるサービスです。アマゾンでは表紙や目次、「はじめに」といった箇所しか公開されていませんが、グーグルは一度に全体の二〇％まで閲覧することができます。まさに立ち読みです。毎月読める範囲を変えるため、四カ月目にはすべてを立ち読みし終える計算となります。

コピーガードが施されていて、出力も保存もできない状態で公開されているため、文字通り立ち読みと言えますが、著作権切れの書籍に関してはすべて公開する方針のため、グーグルは出版社から激しい抵抗を受けています。

しかし、立ち読みができて、その閲覧データの横には、発売元のサイトやアマゾン、楽天ブックス、紀伊國屋ウェブ、所蔵図書館の検索ページなどとのリンクが貼られます。そのため、立ち読みをして購入したくなれば、そのリンク先からすぐに購入できます。当然それだけのリンク先とつながるわけですから、本を出版した以上の露出効果がもたらされ、SEO対策となる可能性もあります。

現在は、グーグルのブックス検索専門サイトに移動して検索しないと、検索結果は表示されませんが、今後一般の検索ページとブックス検索のページとのリンクが強化されると言われており、本文の一部が検索キーワードと一致すれば、通常検索のトップにあなたの書籍が表示される可能性もあります。

もちろんアマゾンの「なか見！検索」も、書籍を買おうか迷った際には、有効な動機付けとなることは間違いありません。類似書籍がたくさんあるような場合には、特に有効だと思われます。

いまこそ出版する自由をこの手に

本書では書籍ができるまでの流れや、流通、販売、販促方法に至るまでを説明してきました。特に書店流通に関しては、これまで日本ではほとんど知られていない方法も説明してきました。

いずれにしても出版業界は疲弊しています。日本経済も疲弊していますが、出版業界のそれは比較になりません。雑誌・書籍を発行することでビジネスとして成功させている出版社はほんの一握りです。

しかし、出版を望む声は後を絶ちません。やはり、出版にはそれなりの魅力があるのです。自分の考えを表現する、名前を売る方法としては、低コストで効果的であることは間違いありません。

発行元として、誰に指図されることなく、自分の好きなように本を出版する方法があることを理解していただいたら、今度はあなたが出版業界に参入して、元気のない出版業界に、活力を注入してください。

そして何より、既存の出版社に遠慮することなく、出版することこそが、出版の自由、ひいては言論の自由を守ることにつながるはずです。言論の自由が確保されていない元気な社会などありません。是非多くの人が発行元として言論の自由、出版の自由を謳歌し、自らの責任で書籍を出版することにトライしてみてもらえればと思います。

付録　出版用語集

あ行

委託販売制度（いたくはんばいせいど）
一定期間（通常は半年間）書店に書籍を並べることができる制度。書店に販売を委託することから「委託」の言葉が用いられる。売れなければ返品が認められているが、何度でも書店に並べることもできる。通常の新刊はこの方式で配本される。

色校正（いろこうせい）
印刷会社への下版後、印刷物の色の出方を確認する作業。カラー印刷や二色以上のインクを使って印刷する場合に行われる。

印税（いんぜい）
発行人から著者やイラストレーターなどに支払われる売り上げの一部のこと。通常は発行部数に定価の一〇%を掛け合わせた金額。

奥付（おくづけ）
本の最終ページに記載されている書誌情報のこと。タイトル、発行・重版・増刷年月日、著者・発行所・発行者名、発行所連絡先、発売所・印刷所・製本所名、ＩＳＢＮコード、著作権者（©マーク）などが明記される。

帯（おび）
売り文句やキャッチコピー、目次、本文の抜粋、推薦文などを記載し、カバーの上にかけられた用紙。主として宣伝目的で巻いている。「帯紙」「腰巻」と呼ばれることもある。帯の幅はもちろん、記載内容や、帯の有無なども規定はない。

か行

買い切り（かいきり）
売れ残っても返品できない出版物のこと。再販制度の下ではほとんど買い切り扱いにはならない。

拡材（かくざい）
販売を拡大するためのポスターやポップなどの宣伝物。

既刊本（きかんぼん）
すでに刊行された本。↕新刊本

期限切れ（きげんぎれ）
委託販売商品の返品期限が切れること。期限が切れると、書店は取次に書籍の代金を支払うことになるため、委託期限が切れる前に返品が増えることとなる。

逆送（ぎゃくそう）
返品不可の書籍を取次が書店に送り返すこと。書店の注文（店注・補充注文）に多い。

客注（きゃくちゅう）
顧客からの注文のこと。書店の一般注文（店注・補充注文）とは異なり、店頭での陳列目的の書籍ではないので、基本的には返本されることはない。

組版（くみはん）
完成原稿を印刷所に入稿する版に整える作業のこと。版下の作成作業。「DTP」とも言う。

下版（げはん）
版元（発行人）が印刷会社に完成データを持ち込むこと。または、印刷上の工程で、色校正を校了した版を製版・印刷などの工程に移すこと。

献本（けんぽん）
書籍を無償で提供すること。

校閲（こうえつ）
書かれた文章そのものが正しいかどうか、事実関係をチェックし、誤りを正すこと。

校正（こうせい）
原稿と校正紙を照合しながら、間違いがないか確認する作業。

校了（こうりょう）
制作のすべての工程を終え、版が完成した状態。印刷をしても良いという状態。もしくは印刷の工程にある色校正などが終了した状態。

さ行

再販制度（さいはんせいど）
再販売価格維持制度の略。全国のすべての書店が、出版社が設定した定価を維持して書籍を販売する制度。そのため書籍及び雑誌は、独占禁止法の適用から外れている。

三八（さんやつ）

一面三段八つ割りの略で、新聞一面の最下部にある名刺大の書籍専用広告スペース。下三段を八等分したスペースのこと。書籍広告以外は掲載されることはない。

指定配本（していはいほん）

出版社が書店にファックスを送ったり、訪問営業をして得た注文に従って、取次が配本する仕組み。書籍委託販売の下では、書籍が指定通りに配本されたとしても、委託にカウントされる。

品切れ（しなぎれ）

在庫切れ。書店に書籍を配本することができない状態。版は保存されているので、増刷され、再度流通する可能性がある。

重版（じゅうはん）

版を重ねること。→増刷

出版VAN（しゅっぱんばん）

書籍の円滑な流通のためにつくられたネットワークのこと。出版社と取次会社の間で在庫情報や受発注情報などを共有している。

正味（しょうみ）

定価に対して出版社が手にすることのできる割合のこと。定価一〇〇〇円の本に対して、正味七掛といった場合の卸値は七〇〇円となる。書店と取次の間でも使われる。

しょたれ

汚れ・破損などで商品価値が下がり、返品不能となった本。

初版（しょはん）

最初に印刷した版のこと。その版で刷った印刷物を「初版本」と言う。

書評（しょひょう）

書籍の内容を紹介した記事。メディアの影響力によっては、広告より効果があるとも言われる。

新刊委託（しんかんいたく）

新刊本を書店で一定期間委託販売すること。

スリップ

「売り上げカード」とも

言う。書籍の間に挟んである短冊。書名、著者名、ＩＳＢＮコード、定価、発行所、発売所等の情報が記されている。

責任販売制（せきにんはんばいせい）

従来の委託販売と比較して、書店は安く仕入れられるが、返本の際の条件が厳しくなる制度。書店には売れた際の利益が大きくなり、出版社には返本率が低くなるというメリットがある。

責了（せきりょう）

責任校了の略。修正箇所が少なく、修正の責任を印刷会社が持つことを前提に、印刷物の発注者や発行人が校了すること。

絶版（ぜっぱん）

出版物の版（印刷用のデータやフィルム）を廃棄処分すること。絶版になった出版物は通常再販されることはない。

全五段（ぜんごだん）

書籍広告によく使われる新聞広告のサイズ。新聞中面の下部五段すべてを使ったサイズ。

増刷（ぞうさつ）

本が完売したり、在庫が少なくなった時に改めて印刷すること。増し刷りとも呼ばれる。↓重版

装丁（そうてい）

表紙、カバー、帯などのデザインのこと。書籍の売れ行きを大きく左右するため、発行人にデザインを決定する権利がある。

即返品（そくへんぴん）

書店が委託品を陳列せずに返品すること。「そくへん」とも言う。

た行

台割（だいわり）

書籍全体をどのように割り振るかを示した一覧表のこと。ちなみに出版物は通常一六ページを一単位に印刷されていて、その単位を「台」と呼ぶ。

棚卸（たなおろし）

決算時に、在庫商品の種類、数量、金額などを一

定の基準に従い調査すること。

棚差し（たなざし）
背表紙を見せて棚に陳列をすること。書籍の大半は各一部の棚差しとなることが多い。

注文短冊（ちゅうもんたんざく）
主に書籍一冊ごとに挿入されているしおり状の注文書のことで、「売り上げカード」とも呼ばれ、売り上げデータの管理に利用されることが多い。「スリップ」とも言う。

帳合（ちょうあい）
書店が本を仕入れる取次会社のこと。トーハンと日販で全体の八〇％を占めると言われている。契約していない取次から本を入れることはできない。

長期委託（ちょうきいたく）
既刊本をセットにして販売する場合、一定期間委託販売する方が、出版社・書店の双方にとって有利となることから、とられる委託方法。四カ月、六カ月が一般的。

直販（ちょくはん）
出版社が取次や書店を仲介しないで、直接読者に販売すること。近くに書店がないなどの理由で直販を希望する読者のために行われることが多い。

陳ビラ（ちんびら）
簡単な書籍の宣伝をした細長い形のポスター。

定価（ていか）
消費税を含めた書籍の価格。書籍の裏表紙に明記する必要がある。ちなみに本体価格は通常税別価格。ＩＳＢＮコードには税別価格が明記されている。

扉（とびら）
本扉と章扉に分けられる。本扉は見返しの内側にあり、書名、著者名、発行所名などを記してあるページ。本文と同じ書籍用紙を用いる場合と、別の用紙で本文と区別している場合とがある。章扉は各章の間を区切っているページ。ほとんどの場合、本文用紙が利用されている。

取次（とりつぎ）
出版社と書店をつなぐ流通業者。約三五〇〇社の出版社と約八〇〇〇店の書店を二〇社程度の取次がつないでいることから、「ひょうたん型流通」とも呼ばれる。

な行

二次使用（にじしよう）
単行本形式で流通していた書籍を、文庫本等で再度流通・販売すること。近年は単行本から電子書籍等へ二次使用されるケースが拡大している。

入稿（にゅうこう）
原稿や版下を次の工程に回すこと。下版との明確な使い分けはないが、下版は印刷所に版下を渡す場合に用いられる。

延勘（のべかん）
即請求に対して支払い期間を延ばすことを延勘と言う。三カ月延ばす三延《さんのべ》が一般的。

ノンブル
本のページの順序を示すナンバー。ページづけ。

は行

発行所（はっこうじょ）
出版社。著作権者により版権を設定された者。書籍制作と販売流通に関する責任を有する。

発行人（はっこうにん）
出版社の代表者。もし発行物に何かあったらすべての責任をとる最終責任者のこと。

発行日（はっこうび）
書籍が完成し書店に並ぶ日とされている。物流が発達していなかった当時、書店に並ぶまで一カ月程度かかることもあり、完成日より先に設定されるようになった。
また、一般的に書籍は、委託期間が過ぎると取次から書店へと請求が立つため、書店は売れ残った本を請求が立つ前に返品しようとする。発行日が遅いほど返品されるのが遅くなる（棚に並べられ続ける）ため、出版社は発行日を遅らせるようになったと言われる。
なお、販売期間が限定さ

れる雑誌は、最新刊であるということをアピールし、購買意欲を掻き立てるために、通常発行日を大幅に遅らせることが常識化していた。そこで日本雑誌協会では、週刊誌は一五日先まで、月刊誌は四〇日先までという協定を結んでいる。

発売所（はつばいじょ）
書店等への発売を担当する者のこと。通常は発行所と同義で出版社がその役割を果たすが、販売機能を持たない出版社（発行所）が、販売専門の業者に委託する方法もある。

半五段（はんごだん）
書籍広告によく使われる新聞広告のサイズ。新聞中面の下部にあるＡ５サイズ程度の広告。全五段の半分。

版下（はんした）
出版物を印刷する際の素材のこと。現代ではデジタルデータでやり取りされることが多い。「版」とも言う。

番線（ばんせん）
取引書店を地域やルートごとに区分し番号化したもの。販売店の配本のための整理番号が印されている。

版元（はんもと）
出版社の俗称。

表紙陳列（ひょうしちんれつ）
棚で表紙を見せて陳列すること。顧客へのアピール度が大きい。「面陳《めんちん》」とも言う。平台陳列についで露出効果は高い。

平台陳列（ひらだいちんれつ）
棚を使わず平面の台に表紙を見せて陳列する方法。「平積み」とも言う。一般的な陳列の中ではもっとも効果的と言われる置き方。

ポップ
販売促進のための展示物。出版社や取次が用意するものもあるが、やはり書店員手書きのポップの効果は大きい。

本体価格（ほんたいかかく）
税別価格。書籍単体での

価格。

ま行

見返し（みかえし）
表表紙・裏表紙の内側に貼り付けて、本の中身と表紙をつなぎ合わせている紙。色上質などを利用し、他の書籍用紙と区別されている。

ら行

落丁（らくちょう）
製本上のミスで、ページの一部分が抜けて製本された本。

乱丁（らんちょう）
製本上のミスで、ページの順序が違ったり、上下が逆になって製本された本。

欧字・数字

Cコード
書籍のジャンルを示す図書分類コード。C以下四桁の数字で表示される。

©マーク
Copyright の略。著作権の所有者を示す。© 以下に著者名のフルネームをローマ字で表記する。

CTP
Computer to Plate の略。「ダイレクト刷版」とも言う。DTPで制作された印刷データを、プレートセッターという機器で直接刷版にして出力すること。フィルム出力の工程がカットされ、短納期化やコスト削減につながり、版の精度も向上したとされる。これにより、印刷所は版をフィルムで保管するのではなく、データで保管するようになった。

DDCP
Direct Digital Color Proofing の略。コンピュータ上で作成したカラー印刷データを、直接、デジタルで、色校正を作ること。出力するハードウェアは通常「カラープリンター」と呼ばれる。刷版をCTPで行うと、フィルムを利用しないため、デジタルによる色校正、つまりDDCPが利用される可能性が高い。

DTP
Desktop Publishing の

略。卓上出版を意味し、出版物の割り付け作業をコンピュータ上で行い、出力すること。現在はほぼ一〇〇％この制作方法がとられている。

ＩＳＢＮコード

International Standard Book Number の略。イギリスから始まった国際的な図書コード。書籍の注文や在庫管理などのデータ処理に用いられる。日本でも一九八一年から採用、二〇〇七年に一〇桁から一三桁の数字に変更された。書籍の裏表紙や奥付に記載されている。

ＪＡＮコード

Ｊａｐａｎｅｓｅ Ａｒｔｉｃｌｅ Number の略。量販店などの国際規格コードＥＡＮの日本版。書籍ＪＡＮコードは、書籍の外側に付いているバーコード。日本図書コードとの整合性を保つために上下二段とし、上段にＩＳＢＮコード、下段にＣコード（図書分類コード）と本体価格が含まれる。

ＲＧＢ

コンピュータで色を表現する方法の一つ。光の三原色、赤（Red）、緑(Green)、青(Blue)の組み合わせで色を表現する。出版業界では一九九八年にがアドビが策定したアドビＲＧＢが一般的に利用されている。他のＲＧＢ規格より広い色域を表現できることが特徴。印刷時には四色（ＣＭＹＫ）に変換する必要があるが、四色はＲＧＢに比べ色域が小さいため、印刷物になった時点で色の出方が違うといった事故となることが多い。

４Ｃ

4 colors の略で、カラー印刷のこと。Ｃ（シアン）、Ｍ（マゼンタ）、Ｙ（イエロー）、Ｋ（ブラック）の四色のインクで出力するため、一般的には四色もしくはＣＭＹＫと呼ばれる。

本《ほん》は自分《じぶん》の出版社《しゆつぱんしや》からだす。プラス

2013年8月11日　初版第1刷発行
2017年9月13日　初版第2刷発行

著　　者　浅田厚志
　　　　　出版文化社共同出版事業部
発 行 人　浅田厚志
発 行 所　株式会社出版文化社
〈東京本部〉
〒101-0051 東京都千代田区神田神保町 2-20-2
ワカヤギビル 2F
TEL 03-3264-8811（代）FAX 03-3264-8832
〈大阪本部〉
〒541-0056 大阪府大阪市中央区久太郎町 3-4-30
船場グランドビル 8F
TEL 06-4704-4700（代）FAX 06-4704-4707
〈受注センター〉
TEL 03-3264-8825　FAX 03-3239-2565
E-mail book@shuppanbunka.com
印刷・製本　株式会社報光社

当社の会社概要および出版目録はホームページで公開しております。
また書籍の注文も承っております。→ http://www.shuppanbunka.com/
郵便振替番号 00150-7-353651
Directed by Hiroki Ushimaru
©Shuppan Bunka Sha Corp, 2013　Printed in Japan
乱丁・落丁本はお取り替えいたします。出版文化社受注センターにご連絡ください。
本書の無断複製・転載を禁じます。許諾については、出版文化社東京本部までお問い合わせください。
定価はカバーに表示してあります。
ISBN 978-4-88338-547-8　C0036